ASTRALPROJEKTION
PRAXISBUCH

OSBORNE PHILLIPS

ASTRAL PROJEKTION

PRAXISBUCH

Außerkörperliche Erfahrungen
Wie sicher und einfach sie sind
Welche unvergesslichen Erlebnisse sie bereiten

Aus dem Englischen
von Elisabeth Liebl

Ansata

Das vorliegende Buch ist sorgfältig erarbeitet worden. Dennoch erfolgen alle Angaben ohne Gewähr. Weder Autor noch Verlag können für eventuelle Nachteile oder Schäden, die aus den im Buch gemachten praktischen Hinweisen resultieren, eine Haftung übernehmen.

Die Originalausgabe erschien 2003 unter dem Titel
»Astral Projection Plain & Simple« im Verlag Llewellyn Publications,
St. Paul, MN 55164, USA.

Ansata Verlag
Ansata ist ein Verlag der Verlagsgruppe Random House GmbH.

ISBN 3-7787-7256-2

Einbandgestaltung: HildenDesign, München, unter Verwendung einer Abbildung
von Linda & Roger Garland, © Agentur Walter Holl, Aachen
Herstellung: Helga Schörnig
Gesetzt aus der Janson bei Leingärtner, Nabburg
Druck und Bindung: Bercker, Kevelaer

… die spirituellen Lehren, die für Sie richtig sind, enthalten bei all der Süße gewöhnlich auch einen winzigen Tropfen heilsamer Bitternis, der Sie dazu bringt, noch ein bisschen weiter zu gehen, als sie dies eigentlich wollten. Das ist vermutlich auch der Grund, weshalb Sie ihn kosten mussten …

Osborne Phillips

Inhalt

Übungen zur Astralprojektion

Vorwort

Wer immer Sie sind, wo immer Sie sind – ein herrliches Leben wartet auf Sie, mehrere wundervolle Leben sogar. Sie müssen nicht erst sterben, um das genießen zu können. Pracht und Wunder – all das steht für Sie bereit. Jetzt. Sie müssen nicht länger warten.

Komm hervor und spiele!

Vielleicht verbringen Sie den Großteil Ihres Lebens am Schreibtisch und zählen in Ihren Tagträumen die Wochen (oder die finanziellen Mittel), die Ihnen noch fehlen, bis endlich die große Freiheit des Urlaubs anbricht.

Oder sind Sie vielleicht Hausfrau bzw. Hausmann und kämpfen verzweifelt dagegen an, dass sich der einstmals weite Horizont Ihres Lebens in nichts auflöst, bevor die Kinder aus dem Haus sind?

Möglicherweise sind Sie beruflich viel unterwegs und wünschen sich sehnlichst, all die Orte, von denen Sie gerade mal einen Blick aus dem Hotelfenster erhaschen, endlich wirklich besuchen zu können. Vielleicht sind Sie ja auch Astronom und der Blick durch das Fernrohr lässt Sie zunehmend unbefriedigt. Oder ist Ihre Bewegungsfreiheit eingeschränkt, weil Sie ans Bett oder den Rollstuhl gefesselt sind oder gar in einer Gefängniszelle sitzen und auf den Tag der Entlassung warten? All das ist möglich. Vielleicht sind Sie aber auch schlicht und einfach ein Träumer, der sich wünscht, all das Wunderbare, was ihm in seiner Fantasie begegnet, möge doch endlich Wirklichkeit werden.

Wie auch immer Ihr Fall liegen mag: Machen Sie sich auf den Weg!

Eine andere Form der Freiheit?

Suchen Sie nach einer anderen Form der Freiheit? Haben Sie unzählige Bücher über Religion, Philosophie, Psychologie oder Esoterik gelesen, bis schließlich der Wunsch in Ihnen erwacht ist, hinter all die widerstreitenden Standpunkte zu blicken und endlich eigene Erfahrungen mit dem nicht Greifbaren zu machen? Wollen Sie endlich Ihre eigenen Antworten auf Ihre wichtigen Fragen finden?

Gibt es ein Leben nach dem Tod?

Was ist mit der Wiedergeburt?

Wer bin »ich«? Wer war ich? Und was wird aus mir werden?

Was kann ich tun, um mir selbst zu helfen? Oder anderen Menschen?

Kann ich das Beste aus meinem Leben machen, während ich mich mit solchen Fragen beschäftige?

Seien Sie versichert, dass es möglich ist, auf all diese Fragen eine Antwort zu finden, die auf Ihren eigenen, lebendigen Erfahrungen beruht.

Wozu dieses Buch?

Hier geht es nicht um ein bestimmtes religiöses oder philosophisches System, das ich Ihnen vermitteln möchte, auch wenn ein solches Ihnen durchaus zu tiefen Einsichten verhelfen kann. Ich persönlich habe mir zum Ziel gesetzt, Sie in die Kunst der Astralprojektion einzuführen, die allen Menschen gleichermaßen offen steht.

Astralreisen bzw. Astralprojektionen sind so natürlich wie der Wille zu leben, so einfach wie ein Traum. So selbstverständlich wie der Ausdruck, den der Mensch sich in Wort, Bild, Tanz, Musik und allen schönen Künsten verschafft.

Menschliche Ausflüge in die Astralwelt sind etwas ganz Normales. Irgendwie wussten wir schließlich immer schon, dass es einen Weg geben muss, ohne Flugzeuge zu fliegen. Aus diesem Grund erfüllen uns Träume, in denen wir frei dahinschweben, mit einem tiefen Glücksgefühl.

Ihre Möglichkeiten

Entdecken Sie, was Astralreisen Ihnen alles zu bieten haben. Sie werden Sie tief in jene Ebenen der Wirklichkeit führen, die jenseits allen rationalen Begreifens liegen. Sie werden Ihnen eine Welt der Mysterien eröffnen, in denen Vergangenheit und Zukunft kein Geheimnis mehr sind. Außerkörperliche Erfahrungen verschaffen Ihnen unerwartete Höhepunkte der sexuellen Erfüllung. Sie entdecken die Wunder des Universums, blicken tief in die Schatzkammer Ihrer Seele und sind schon bald in der Lage, anderen bei der Überwindung ihrer Grenzen zu helfen. Die außerkörperliche Erfahrung ist Ihre Eintrittskarte in eine Welt jenseits unserer Grenzen, in die unendlichen Weiten der Astralwelt.

I

Was heißt »astral«?

Die Astralwelt oder Astralebene umfasst einen großen Teil der Wirklichkeit. In ihrer höchsten Ausprägung verleiht sie dem Spirituellen Form und macht Gedanken »denkbar«. Auf ihrer niedrigsten Ebene hingegen ist sie so nah am materiellen Universum, dass sie von diesem nicht immer einwandfrei zu trennen ist. Sie umfasst auch unseren Astralkörper, den »Seelenstoff« unserer individuellen Psyche.

Die ätherische Wahrnehmung im gewöhnlichen Bewusstseinszustand

Die niederen Ebenen der Astralwelt werden häufig auch als »ätherisch« bezeichnet. Daher haben auch vergleichsweise viele Menschen Zugang zur so genannten »ätherischen Wahrnehmung«, ohne dabei gleich ihren physischen Körper zu verlassen. Sie besitzen die Fähigkeit, Farben, Formen und Wesen auf der untersten Ebene der Astralwelt wahrnehmen zu können.

Mit ein wenig Übung können auch Sie diese Art des Sehens erlernen, sie erfordert einfach ein Umschalten, eine innere Veränderung und hat nichts mit dem normalen Sehvermögen zu tun. Sie kann auch nicht als Beleg für eine besonders hohe Stufe der ethischen Entwicklung gelten. Manchmal werden Menschen, die von sich sagen, dass sie nicht materielle Wesenheiten sehen können, behandelt, als erhöben sie den Anspruch, irgendwie besonders heilig oder spirituell begabt zu sein. In Wirklichkeit aber ist alles, was man für die »ätherische Wahrnehmung« braucht, geistige Offenheit und erhöhte Aufmerksamkeit.

Natürlich hängt die Tatsache, wie viel wir von der Astralwelt wahrnehmen, davon ab, wie hoch unsere Bereitschaft dafür entwickelt ist. Doch auch diese lässt sich durch ein wenig Übung stärken. Und gewöhnlich wächst der Eifer des Übenden auch mit der Überzeugung, dass es etwas zu entdecken gibt.

Die Sinneswahrnehmung auf astraler Ebene

Wenn Sie Ihren Körper verlassen haben, werden Sie immer noch sehen, hören und sich im Allgemeinen all dessen bewusst sein, was um Sie herum vorgeht. Jede Manifestation des Seins ist schließlich real und auf seiner Ebene fühlbar vorhanden. Wenn Sie eine außerkörperliche Reise in der materiellen Welt unternehmen, werden Sie diese so wahrnehmen, wie sie gegenwärtig ist (vielleicht mit einigen zusätzlichen vergangenen oder zukünftigen Aspekten), wenn es das sein sollte, was Sie wünschen. Als Astralreisender können Sie jederzeit durch eine dicke Mauer gehen, verschlossene Türen sind für Sie kein Problem, wie massiv sie auch aussehen mögen.

Manchmal werden Sie allerdings außerhalb Ihres Körpers an Grenzen zu höheren Ebenen innerhalb der Astralwelt stoßen, die für Sie in diesem Moment verschlossen bleiben. Sie können nicht hindurch, weil die Grenzen astraler Natur sind. Da sie einer höheren Schwingungsebene angehören als der, die Sie im Moment erreichen können, ist diese Grenze so undurchdringlich, wie es eine solide Eichentür in der Alltagswelt wäre.

Körper und Psyche

Ich möchte hier nicht zu »technisch« werden, aber: »Sie« als mit Intelligenz ausgestattete Bewusstseinsform sind der einende Bezugspunkt, der einen bestimmten Körper mit einer bestimmten Psyche verbindet. Körper und Psyche folgen bis zu einem gewissen Grad Ihrem bewussten Willen, beide haben jedoch auch Bereiche, die unabhängig vom Bewusstsein arbeiten und in denen sie ihr eigenes Leben führen, das sich Ihrer Kontrolle, ja sogar Ihrer Kenntnis entzieht.

Wenn Ihr Bewusstsein sich also auf eine astrale Reise begibt, wie viel von Ihrer Psyche wird dabei kurzfristig vom Hauptorganismus getrennt? Sie werden das Gefühl haben, als gingen Sie mit Ihrem gesamten Körper auf die Reise. Sind Sie also wirklich mit der Gesamtheit Ihres lebendigen Seins unterwegs?

Nein! Denn Ihr Atem und Ihr Herzschlag gehen weiter, wenn Sie Ihren Körper verlassen. »Sie«, das wandernde Bewusstsein, können also immer zurückkommen, ganz egal auf welch abenteuerliche Fahrten Sie sich auch einlassen mögen. Wie der Held einer Abenteuergeschichte kehren Sie immer gesund nach Hause zurück. Bestimmte Schutzmechanismen werden von dem Teil Ihres Astralkörpers gesteuert, der bei Ihrem materiellen Körper, also »zu Hause«, bleibt.

Leichtes Gepäck

Aber natürlich muss auch Ihr Bewusstsein nicht ganz allein und nackt in die astrale Welt hinaus. Es (d.h. Sie) braucht ein bestimmtes Quantum astraler Substanz, um darin Eindrücke und Informationen zu sammeln. Die Astralsubstanz ist dafür sehr gut geeignet, weil sie als Bindeglied zwischen dem Nervensystem des Körpers und der Psyche dient.

Da diese Astralsubstanz, die hier mit Ihrem Bewusstsein auf Reisen geht, aus den Instinkt- und Emotionsbereichen Ihrer Psyche kommt, ist sie Trägerin der Ihnen vertrauten Reaktionsmuster und Gefühle. Dies wiederum hilft Ihnen, sich bei der Reise vollkommen als Sie selbst zu fühlen.

Glücklicherweise hat jeder Mensch in halbwegs gutem Gesundheitszustand so viel Astralsubstanz übrig, dass der Körper immer noch genug besitzt, um seine wichtigen Funktionen störungsfrei auszuführen, während Sie unterwegs sind. Der Astral- oder Energiekörper gibt ohnehin ständig geringe Mengen seiner Substanz ab und holt sich Nachschub von äußeren Quellen. Ein Mensch, dessen Astralkörper sich besonders guter Gesundheit erfreut, kann – auch wenn er körperlich schwach ist – so viel Astralsubstanz abgeben, dass Menschen, die neben ihm stehen, dies bemerken. Dann spricht man gewöhnlich von einer »starken Persönlichkeit« oder von »elektrisierender Ausstrahlung«.

Es ist sogar eher wahrscheinlich, dass Sie, wenn Sie zum ersten Mal Ihren Körper verlassen, wesentlich mehr Astralsubstanz mitnehmen, als Sie tatsächlich brauchen.

Mit zunehmender Übung werden Sie lernen, wie man mit leichtem Gepäck reist.

Der »Seelenstoff« ist ausgesprochen elastisch und hat die Neigung, sich auszudehnen. Ein wenig davon gibt dem erfahrenen Astralreisenden bereits das Gefühl von einem irdischen Körper und dessen Fähigkeiten.

Astralsubstanz: die Eine, Einzige

Der Teil des Astralkörpers, der dem physischen Körper am nächsten ist, wird aufgrund seiner größeren Dichte manchmal »grober Astralkörper« oder »Ätherkörper« genannt. Dementsprechend gibt es auch eine »grobe Astralsubstanz«, die aber selten zum Reisen eingesetzt wird. Bei Anfängern geschieht dies mitunter aus Versehen. Physische Medien benutzen sie manchmal, um sich Zuschauern, die ein gewisses Maß an hellseherischen Fähigkeiten haben, visuell zu zeigen.

Das soll jedoch nicht heißen, dass die »grobe Astralsubstanz« sich von der Astralsubstanz im Allgemeinen unterscheidet. Schließlich ist die Seeluft ja auch dieselbe wie die Luft in den Bergen, obwohl Erstere eine wesentlich höhere Dichte aufweist. Wenn der Wind sie dann zu den Gipfeln hinaufträgt und sie Feuchtigkeit verliert, wird sie genauso dünn wie alle Luft in den Höhenlagen. Und die Astralsubstanz ist noch wesentlich ausdehnungsfähiger und zirkulationsfreudiger als Luft. Wenn ich also sage, dass die »grobe Astralsubstanz« von erfahrenen Astralreisenden gewöhnlich nicht auf Reisen mitgenommen wird, bezieht sich das keineswegs auf einen bestimmten Teil des Astralkörpers, der aus »grober« Substanz bestünde. Der Astralkörper hat nämlich keine voneinander verschiedenen Teile oder Schichten. Die »grobe Astralsubstanz« bezieht sich nur auf den Dichtezustand der Substanz, wenn sie aus dem Körper austritt.

Alles ist eins

Dass es also letztlich nur *eine* Art Astralsubstanz gibt, hat einige interessante, ja aufregende Nebenaspekte.
Jedes Organ Ihres Körpers, seien es nun Augen, Nase, Ohren oder innere Organe, hat seinen Gegenpart im Astralkörper. Dies heißt allerdings nicht, dass ihnen eine beschränkte Funktion obliegt, wie dies im physischen Körper der Fall ist. Ihr gesamter Astralkörper, jede Einzelne seiner »Zellen«, ist in der Lage, alles aufzunehmen, was in unserer Welt gesehen, gehört oder auf andere Weise durch die Sinnesorgane wahrgenommen werden kann. Dazu kommt aber noch die Wahrnehmung der ihm zugehörenden, der astralen Welt.

Das hat eine Menge positiver Konsequenzen.

Auf der Astralebene geht es jedem Menschen gut

Zunächst einmal bedeutet es, dass Menschen, die auf der physischen Ebene schlecht hören, kurzsichtig sind oder auf andere Weise körperlichen Einschränkungen unterliegen, diese Probleme nicht auf die astrale Ebene mitnehmen.

Dies kann gar nicht genug hervorgehoben werden: Mitunter gibt es nämlich Menschen, die aus purer Gewohnheit eine solche Einschränkung auf die Astralebene mitschleppen. Sie benötigen eine ordentliche Portion Entschlossenheit, um sich in der astralen Erfahrung davon zu befreien. Gelingt ihnen das, sind ihre Reisen natürlich ein Quell der Freude. Auch wenn die tatsächliche Einschränkung auf physischer Ebene nicht nachlässt, so trägt der Reiz der astralen Erfahrung doch erheblich zur Verbesserung der Lebensqualität im Alltag bei.

Dies gilt in besonderem Maße für Amputationen. Ihr Astralkörper ist ganz, fit und kräftig. Er besteht aus Licht und Energie.

Natürlich können Sie auf Ihren Astralreisen auch Lahme treffen oder Menschen mit Narben und so weiter. Doch das heißt nur, dass diese Menschen erst noch lernen müssen, dass sie in Wahrheit frei und von ihrer physischen Körperform unabhängig sind. Vielleicht aber betrachten sie diese Merkmale auch als Teil ihrer Identität und sind deshalb nicht bereit, sie aufzugeben.

Auf jeden Fall sollten Sie sich eines merken: In der Astralwelt ist niemand an physische Einschränkungen, gleich welcher Art, gebunden.

Was für ein Erlebnis!

Diese alles durchdringende und außergewöhnlich hohe sinnliche Empfindungsfähigkeit des Astralkörpers beschert dem Reisenden noch andere Freuden. Jede Art der Erfahrung wird dadurch intensiver, dass sie nicht durch die Sinnesorgane gedämpft wird. Zudem ist sie an kein bestimmtes Organ mehr gebunden.

Wenn Sie also auf der Astralebene Musik hören (und es kommt dort zu unglaublichen Klangerlebnissen), dann tun Sie das nicht nur mit Ihren vollkommenen Astralohren. Sie konzentrieren sich vielleicht auf eine bestimmte Empfindung in den Ohren, in Wirklichkeit aber hören Sie mit der ganzen Substanz Ihrer astralen Hülle, also jenes Teils des Astralkörpers, mit dem Sie unterwegs sind.

Dasselbe gilt für Düfte in der Astralwelt, die zart, aber wunderbar erfrischend sind. Man versucht meist vergeblich, sie durch Vergleiche mit den ohnehin schon flüchtigen Düften der irdischen Blumenwelt zu beschreiben. Ein Teil dieser umwerfenden Wirkung liegt eben darin begründet, dass man sie nicht nur einatmet, sondern mit der gesamten astralen Hülle empfindet.

Und so ist es mit allem in der astralen Welt. Unsere Wahrnehmung hängt nur von unserem Willen und unserer Aufmerksamkeit ab.

2

Kosmos und Psyche

Westliche esoterische Traditionen teilen das Universum in vier verschiedene Welten ein, die letztlich für Existenzebenen stehen. In aufsteigender Ordnung gibt es da:

- die materielle Welt
- die astrale Welt
- die geistige Welt
- die spirituelle Welt.

Der große Neuplatoniker Plotin (203–269 n. Chr.) definierte diese vier Welten als

- das Reich der Materie,
- die »Seele des materiellen Universums« oder die niedere Seelenwelt, die über der materiellen Welt steht,
- die höhere Seelenwelt, welche sich nach der höchsten Instanz, dem *nous*, streckt,
- der *nous*: der göttliche Geist; ein Seinszustand, der ewige Glückseligkeit bedeutet; die Welt der Ideen.

Seinszustände

Natürlich lässt sich endlos darüber diskutieren, ob man diese vier Welten als strikt voneinander getrennt betrachtet oder ob man sie als miteinander verbunden sieht. Sicher ist letztlich nur eines: Diese vier Ebenen unterscheiden sich durch den Seinszustand, der in ihnen vorherrscht, und durch ihren Grad an Komplexität.

Die materielle Welt

Die materielle Welt ist von unbeschreiblicher Vielfalt. Sie umfasst das gesamte physische Universum: unseren Planeten Erde, unser Sonnensystem und all den überbordenden Reichtum von Sonnen, Planeten, Galaxien, Nebeln und allem, was sich noch im Weltall findet. All das und noch mehr kann vom Menschen wahrgenommen werden. Auch das materielle Universum wird von nicht materiellen Kräften und Strömungen gesteuert, von göttlicher Macht gelenkt und geordnet. Daher lassen sich materielle und astrale Welt auch nicht klar trennen, da beide ihre Lebensenergie aus den höheren Welten beziehen.

Die Astralwelt

Die nächste Ebene ist, wenn man sich an die aufsteigende Ordnung hält, die Astralwelt. Wenn man sie besucht, wirkt sie auf den ersten Blick kaum weniger komplex. Trotzdem ist sie nicht von den physikalischen und chemischen Gesetzen abhängig, die die materielle Ebene beherrschen. Faktoren wie Zeit oder Entfernung haben weit geringere Bedeutung als in der physischen Welt. Die Astralwelt ist wesentlich dichter und komplexer als die geistige Welt. Es stimmt zwar, dass zu jeder dieser Welten eine bestimmte Erfahrungs- und Lebensqualität gehört. Doch die höheren Ebenen der Welt des Geistes sind so voller Inspiration, voller Ekstase im Angesicht des göttlichen Lichts, dass diese Erfahrung dem visionär Schauenden bereits göttlich scheinen mag – dabei zählt die Gottesschau an sich zur Welt des Spirituellen. Dasselbe gilt für die höheren Ebenen der Astralwelt, die so voller Schönheit und Wahrheit sind, dass die Psyche die Erfahrungen dort kaum als einfach nur menschliche Emotionen werten wird.

Die Astralwelt ist »die Welt hinter unserer Welt«. Dort verschmelzen Bilder der Vergangenheit und der Gegenwart mit denen einer Zukunft, die sein könnte, und einer, die sein wird. Dies ist die Welt der machtvollen kreativen Imagination, zu der auch die Schleier der Illusion gehören. Für den Suchenden ist dies ein gefährliches, aber unumgängliches Feld, in dem er sich bewegen muss. In der Astralwelt haben die zahllosen Elementargeister unterschiedlichster Natur ihre Heimat. In ihrer gröbsten Ausprägung, zu der der Mensch normalerweise keinen Zugang findet, ist sie Heimstatt zerstörerischer Dämonen. Doch ist sie auch der Bereich, in dem der gewaltige und undifferenzierte astrale Lebensstrom entspringt, aus dem unausgesetzt ätherische Wesen erstehen und in den sie am Ende ihrer Existenz zurückkehren. So findet sich die Quelle, aus der wir verkörperten Wesenheiten unsere Lebenskraft schöpfen, ebenfalls in der astralen Welt.

Die geistige Welt

Über der Astralwelt ist das Reich des Geistes angesiedelt. Auf dieser Ebene ist die innere Einfachheit und Reinheit des Seins bereits so groß, dass sie die Ausdrucksfähigkeit menschlicher Sprache überschreitet. Obwohl der Geist auf dieser Ebene noch begrenzt ist, muss er nicht mehr reisen. Er ist ohne Zeitverzögerung dort, wo er sein will. Er denkt nicht mehr in Worten, doch findet er eine Sprache, um das auszudrücken, was er ausdrücken will: durch Symbole, Formeln, Klänge und andere Mittel. Diese Sprache ist jedoch nur das Werkzeug des Geistes, nicht der Geist selbst. Nicht die mühselige Welt der logischen Schlüsse und rationalen Überlegungen ist hier gemeint, sondern die des Geistes in seinem reinen Strahlen, das noch schneller ist als das uns bekannte Licht.

Die spirituelle Welt

Über die spirituelle Welt, die Dimension des Göttlichen, lässt sich keine sichere Aussage treffen. Man kann nur sagen, sie ist Liebe, allumfassende, allschöpferische *Liebe*; ist *Leben*, in dem Sein und Handeln eins sind; ist *Licht*, dessen Klarheit alle Unterscheidungen besiegt; ist letztlich unvergleichliche Glückseligkeit. Diese Welt kann definiert werden als das Höchste Sein: Gott. Doch wenn wir sagen, dass »Gott in sich eins ist«, dann müssen wir wissen, dass damit nicht ein begrenztes Wesen, sondern eine ganze Welt gemeint ist, ein Universum voller Welten, in denen Tun und Sein ineinander fallen, sodass der menschliche Geist es nicht mehr erfassen kann. Die spirituelle Welt in ihrer Gesamtheit ist von göttlicher Natur. Sie ist vollkommen göttlich, ist Gott. Doch wenn wir über einzelne Aspekte dieses Universums sprechen, nennen wir sie »göttliche Natur« oder »göttlicher Geist«. Doch letztlich ist diese Welt unteilbar, sie ist eine einzige göttliche Wirklichkeit.

Die vier Welten und die menschliche Psyche

Wenn wir nun die vier Welten in absteigender Ordnung betrachten, dann geht die Lebenskraft von der jeweils höheren Welt auf die Welt unmittelbar darunter über. Mit zunehmender Entfernung von der Quelle nimmt die Vielschichtigkeit der Welten zu, die Vitalität hingegen ab. Und doch hat jede Welt im großen Plan des Seins ihren Platz, ihren Charakter, ihre Notwendigkeit, ihre ganz eigene Schönheit und Erhabenheit.

Und wo gehören wir nun hin?

Jeder Mensch hat als Individuum Anteil an allen vier Welten, solange er auf dieser Erde weilt. Das ist völlig unabhängig davon, ob er sich dieser vier Daseinsbereiche und ihrer Zusammenhänge überhaupt bewusst ist. Das bedeutet nicht nur, dass wir Teil der vier Welten sind. Es heißt auch, dass die vier Welten in jedem einzelnen Menschen präsent sind.

Lebendige Beziehungen

Unser physischer Körper ist vom selben Wesen und »Material« wie die dingliche Welt. Er muss sich durch feste, materielle Nahrung erhalten und ist darauf angewiesen, die Luft in der Erdatmosphäre zu atmen.

Die Astralebene der menschlichen Psyche hingegen ist eins mit der Astralwelt. Der Astralkörper, auch »Astrosoma« genannt, der die instinktiven, emotionalen und imaginativen Funktionen des Menschen umfasst, nährt sich von den Strömungen, Bildern und Eindrücken der Astralwelt wie der physische Körper von materiellen Lebensmitteln.

Im geheimen Leben von Zellen, Drüsen und Nerven sind die Funktionen von astralem und physischem Körper ununterscheidbar miteinander vermischt. Andere Funktionen des Astralkörpers sind weniger offensichtlich. Dazu gehören die endlosen Bilder unseres Traumlebens, ob wir nun wach oder schlafend träumen. Hier entstehen all jene Gefühlsregungen, die eng mit der Welt des Geistes verbunden sind wie zum Beispiel die schöpferischen Impulse von Kunst und Wissenschaft. Alles, was zu seiner Verwirklichung nicht nur Fantasie verlangt, sondern auch die Aktivitäten des Verstandes und des lenkenden Geistes, ist hier zu Hause.

Der mentalen Welt entspricht die geistige Ebene oder das »Noemasoma« des Individuums. Die Psyche steuert in all ihren Funktionen das Wohlbefinden des Menschen. Die geistige Ebene hat dabei eine ganz spezielle Bedeutung. Zunächst einmal sticht der rationale Geist hervor, der nicht nur für abstraktes Denken zuständig ist. Ihm obliegt auch die Koordination der Aktivitäten von astralem und physischem Körper, sodass diese gut zusammenarbeiten und im Leben ihren harmonischen Ausdruck finden, ohne sich in die höheren Ebenen der Seele einzumischen. Das ist an und für sich schon eine anspruchsvolle Aufgabe, aber natürlich bei weitem nicht alles, was sich auf der mentalen Ebene abspielt. Weitere Funktionen dienen der Aufnahme und der Offenheit für höhere Einflüsse aus der höchsten der vier Welten, der Welt der Spiritualität. Die mentale Ebene der Psyche, gestärkt und genährt von den Inhalten der geistigen Welt, weist eine ganz besondere Empfänglichkeit für spirituelle Botschaften wahrhaft göttlichen Ursprungs auf, die dem inneren Gleichgewicht des Menschen dient. Anfangs sind diese »Drähte« zur spirituellen Welt noch vergleichsweise dünn, doch wenn sie mit der Zeit zu einer starken Verbindung heranwachsen, entsteht daraus der wirklich ganzheitliche Mensch.

Diese höheren Einflüsse auf den Menschen stammen keineswegs von einer Quelle außerhalb seiner selbst. Ganz im Gegenteil: Sie kommen direkt aus seiner innersten Essenz, dem spirituellen Selbst jedes Wesens, das in der spirituellen Welt wohnt. Dieses innere Selbst ist ein Teil der spirituellen Welt. Es ist eins mit der göttlichen Natur, so wie der physische Körper eins ist mit der Welt von Erde, Luft, Feuer und Wasser.

Die hier dargestellten Beziehungen lassen sich wie folgt zusammenfassen:

- Der physische Körper gehört zur materiellen Welt.
- Der Astralkörper, das »Astrosoma«, gehört zur Astralwelt. Er umfasst die Emotionen und die Instinktebene der Psyche und gilt als eigentlicher Sitz aller paranormalen Fähigkeiten.
- Die mentale Schicht, das »Noemasoma«, gehört zur mentalen Welt. Sie ist Sitz des Bewusstseins. Der Intellekt, der hinter den mehr mechanischen Prozessen des Gehirns steht, ist eine seiner Funktionen. Es ist die Ebene der Psyche, die den Astralkörper kontrolliert und mit ihm arbeitet, während sie selbst als »Antenne« für den Einfluss der höheren Ebene, des spirituellen Selbst, dient.
- Das spirituelle Selbst, der Sitz der höchsten Fähigkeiten, gehört zur spirituellen Welt, der höchsten, innersten Ebene, die dafür zuständig ist, den lernenden Geist zu lenken und ihn, wenn er ausreichend vorbereitet ist, mit inspirierenden, ja ekstatischen Wahrnehmungen zu erfüllen.

Welche Ebenen der Psyche sind nun an der Astralreise beteiligt?

Bei der bewussten Astralreise verlässt Ihr Bewusstsein, der *denkende* Teil Ihres Ichs, den Körper. Dabei nimmt es vom Astralkörper ein wenig astrale Substanz mit, damit es auf der astralen Ebene funktionieren kann. Diese Astralsubstanz bildet Ihre *Lichthülle* oder Ihren *Lichtkörper*. Er ist das »Fahrzeug«, mit dem Sie unterwegs sind und mit dessen Hilfe Sie Informationen sammeln.

Daher sind an der bewussten Astralreise vor allem der Astralkörper und die mentale Schicht beteiligt. Mit Astralreise meine ich: das bewusste Verlassen des Körpers, bei dem Sie sich mithilfe Ihres Lichtkörpers der Astralwelt bewusst werden und dort als voll bewusstes Wesen agieren können.

So wie das Bewusstsein, während es im physischen Körper agiert, sich der materiellen Welt bewusst ist, zu den inneren Welten jedoch nur Zugang erlangt, wenn es spezielle spirituelle Techniken anwendet, so ist es sich im Lichtkörper der Astralwelt (und auch der materiellen Welt) bewusst, hat aber keinen Zugang zur mentalen Welt. Die Bewusstheit der mentalen Welt hängt von der persönlichen Entwicklung des Einzelnen ab. Dazu gehört das von den höheren Ebenen gelenkte Erwachen zum vollen Potenzial des Geistes.

Wenn die Astralsubstanz auf Reisen geht, ohne dass das Bewusstsein mit ihr wandert – wie dies bei verschiedenen, später vorgestellten Techniken der Fall ist –, hat das Bewusstsein zwar die Kontrolle über die Reise, doch an der Projektion selbst ist nur die Astralsubstanz beteiligt.

Passiert es jedoch (was durchaus öfter vorkommt), dass während des Schlafes Astralsubstanz unfreiwillig projiziert wird und das Bewusstsein diese Projektion nicht begleitet, dann ist nur der Astralkörper an der Reise beteiligt, ohne Steuerung durch die mentale Ebene.

Wie wir sehen, gibt es viele verschiedene Arten der Astralreise: die unfreiwillige Projektion, die willentliche Aussendung der Astralsubstanz bis hin zur bewussten Reise, bei der Bewusstsein und Astralsubstanz gleichermaßen beteiligt sind.

3

Vorbereitungen auf physischer und astraler Ebene

Zunächst möchte ich Ihnen ein paar grundlegende Tipps im Hinblick auf Ort, Körperhaltung und Atmung bei der Astralreise geben. »Wozu?«, mögen Sie fragen, hört man doch oft genug von Menschen, die ohne jede Vorbereitung einfach auf Reisen gehen und bei denen das wie von selbst zu gehen scheint, sodass sie sich der Tatsache häufig nicht einmal bewusst sind.

Der Hauptgrund ist, dass wir mehr anstreben als einen zufälligen Eintritt in die astrale Welt. Schließlich möchten Sie ja lernen, wie Sie das Ergebnis Ihres Tuns beeinflussen können. Gleichzeitig sollten Sie sich darüber im Klaren sein, dass alles, was Sie hier lesen, nur Vorschläge sind, nichts weiter. Wenn Sie möchten, können Sie sie verändern, anpassen oder völlig außer Acht lassen. Nichtsdestotrotz sollten Sie sie studieren und sich klar machen, worauf sie abzielen. Erst dann können Sie entscheiden, ob Sie dasselbe Ziel auch auf anderem Wege erreichen würden.

Den geeigneten Ort auswählen

Sie sollten auf jeden Fall sicherstellen, dass Zeit und Ort so gewählt sind, dass nichts Sie stört. Idealerweise sollten Sie das Licht ein wenig dämpfen und so sitzen, dass Sie in den leeren Raum blicken, beispielsweise in den Flur, in einen Bereich tiefen Schattens oder auf eine dunkle Fläche, zum Beispiel eine Tür.

Astralsubstanz ist anfangs nämlich schwer zu sehen, etwa wie dünne Spinnwebfäden. Vor einem dunklen Hintergrund haben Sie also weit bessere Chancen. Auch ein dunkler Bildschirm oder Vorhang kann diesen Zweck erfüllen.

Nehmen Sie einfach, was Sie haben.

Darauf kommt es an: Sie brauchen einen Raum, in den Sie die Astralsubstanz hineinprojizieren können. Das ist einfacher, wenn Sie wirklich Raum um sich haben. Der erfahrene Reisende weiß, dass er Astralsubstanz ohne Schwierigkeiten durch dicke Ziegelmauern schicken kann. Als Anfänger aber wird Ihnen dieser Vorgang leichter gelingen, wenn Sie mit der Leere des Raumes arbeiten können.

Die korrekte Körperhaltung

Sie brauchen für Ihre Arbeit einen Stuhl. Das sollte ein einfacher Stuhl mit gerader Lehne sein, auf dem Sie bequem aufrecht sitzen können.

Auch ein Bett, eine Matratze oder ein Futon sollte zur Verfügung stehen. Die Liegemöglichkeit muss mit dem Kopfende nach Norden, mit dem Fußende nach Süden ausgerichtet sein.

Ob Sie nun sitzen oder liegen: Arme und Beine dürfen sich nicht überkreuzen. Dahinter steht das Bemühen, keine Barrieren oder Hindernisse aufzubauen, welche die Energien daran hindern können, durch Sie hindurch bzw. in den Kosmos hinaus zu fließen. Ihr ganzes Wesen ist nun auf Fließen ausgerichtet.

Signale an das Selbst

Wenn Sie von Anfang an eine bestimmte Zeit, einen bestimmten Ort bzw. Stuhl und so weiter ganz der Arbeit mit dem Astralkörper widmen, entsteht daraus ein sehr mächtiges Signal an alle

Ebenen Ihrer Psyche, das Ihnen hilft, Ihre Aufmerksamkeit sofort und unmittelbar diesen Dingen zuzuwenden. Ist es Ihnen nicht möglich, gewisse, immer wiederkehrende Umstände zu schaffen, dann suchen Sie nach anderen Wegen, wie Sie Ihrem Selbst signalisieren können, dass Sie sich nun auf die astrale Ebene begeben. Zum Beispiel:

- Hören Sie immer eine bestimmte Musik, etwas Ruhiges, Einprägsames, das aber nicht aufwühlend wirkt.
- Tupfen Sie einen bestimmten Duft dorthin, wo Sie ihn während der Reise riechen können. Traditionell benutzt man für alle Arten astraler Aktivität Jasmin.
- Lassen Sie zur Einleitung eine kleine Glocke erklingen.
- Oder benutzen Sie für diese Gelegenheit immer ein bestimmtes Kleidungsstück. Möglichst eines, das locker sitzt, wie ein Kaftan. Noch besser ist es, Sie können Ihre Reisen unbekleidet unternehmen. Auf jeden Fall sollten Sie Ihre Schuhe ausziehen.

Hilfreiche Tipps

Die folgenden Faktoren wirken unterstützend auf die astrale Erfahrung. In den noch folgenden Übungen werden Sie lernen, wie Sie sie am besten einsetzen können:

- bequeme Körperhaltung mit gerader Wirbelsäule,
- tiefe Atmung,
- volle Konzentration auf die astrale Reise.

Ob Sie nun im Sitzen, Stehen oder Liegen, im Dunkeln oder im Hellen, im Stillen oder zu einer bestimmten Begleitmusik reisen, die drei oben genannten Faktoren sind immer wichtig. Sie sind für die astrale Arbeit so zentral, dass sie Ihnen bald in Fleisch und Blut übergehen werden.

Die Atmung

Eine gute, tiefe Atmung ist nicht nur für die ungehinderte Bewegung des Astralreisenden wichtig, sie hält auch die Energie der astralen Aktivität aufrecht. Durch sie gelangen wir dorthin, wohin wir wollen, und können tun, was wir uns vorgenommen haben. Daher ist es besonders für Einsteiger wichtig, ihr Augenmerk auf die Atmung zu richten, damit wir später als erfahrene Praktizierende gar nicht mehr darauf zu achten brauchen. Dann unterstützt uns die Atmung wie von selbst bei der Entwicklung unserer astralen Persönlichkeit.

Wichtig ist, dass wir mit dem Zwerchfell atmen. Ob im Sitzen, Stehen oder Liegen sollten wir entspannt, aber trotzdem wach die langsame Atmung eines Menschen imitieren, der in tiefem Schlaf liegt.

Wenn wir gut atmen lernen wollen, ist es einfacher, einen Schlafenden nachzuahmen, als Herzschläge oder Sekunden zu zählen, wie dies häufig empfohlen wird. Außerdem gibt es sowohl auf psychischer als auch auf körperlicher Ebene noch weitere gute Gründe, diesem Rat zu folgen.

Der Hypnotiseur und der Astralreisende

Wenn ein Hypnotiseur einen seiner Klienten vom lauten Gedankenstrom des Intellekts abkoppeln will, dann versetzt er die betreffende Person zunächst einmal in einen leichten Schlaf, in dem sie trotzdem noch sprechen bzw. die erwünschten Handlungen ausführen kann. Wenn wir als Astralreisende jedoch versuchen, diese Technik anzuwenden, haben wir keinen Hypnotiseur zur Verfügung. Gewöhnlich nehmen wir auch nicht diesen Zustand tiefer Entspannung ein, in den der Klient des Hypnotiseurs versetzt wird. Wir müssen unser Bewusstsein wach halten, damit es als »Steuermann« unsere Reise nach seinem Willen lenken kann. Nichtsdestotrotz übt die Art zu atmen, die wir seit unserer Geburt im Schlaf annehmen, einen ungeheuer beruhigenden Einfluss auf das Nervensystem und die gröberen Aspekte der Psyche aus, die so eng mit dem physischen Körper verbunden sind. Dann übernimmt allein der Wille des Astralreisenden, der sich in einer störungsfreien Umgebung ganz auf seine Aufgabe konzentrieren kann, die Steuerung der Handlungen, Fähigkeiten und Emotionen der niederen Bereiche des Selbst.

Die Vorbereitungen für die Astralreise

Nun kommen wir zum praktischen Teil der Vorbereitung des Ortes.

Ihr Arbeitsbereich kann Ihnen ständig zur Verfügung stehen, zum Beispiel wenn Sie einen besonderen Raum haben, in dem Sie Ihre Astralreisen machen. Möglicherweise aber müssen Sie diesen Raum auch mit anderen Menschen, dem Partner oder einem Freund/einer Freundin, teilen. Dann steht dieser Raum nicht immer für Ihre Astralreisen zur Verfügung.

Unter welchen Umständen Sie auch arbeiten mögen, der Raum muss auf jeden Fall geschützt werden, bevor Sie in die eigentliche Arbeit einsteigen.

Zu diesem Zweck erwecken Sie zunächst die höheren spirituellen Kräfte, um in einem zweiten Schritt dann rund um Ihren Raum eine schützende Barriere zu schaffen. So halten Sie unerwünschte astrale Wesen und Einflüsse fern, die sich von Ihren Aktivitäten oder den energetischen Kräften, mit denen Sie arbeiten, angezogen fühlen mögen.

Natürlich werden Sie selbst oder ein Teil Ihrer Astralsubstanz diesen geschützten Raum beim Reisen verlassen.

Der Schutzkreis

Teil 1: Das Licht erwecken

1. Stellen Sie sich mit dem Gesicht nach Osten in die Mitte des Raumes.

2. Richten Sie Ihre Aufmerksamkeit auf die Quelle von Licht und Leben, wie Sie sich diese auch immer vorstellen mögen. Meditieren Sie ein paar Minuten über die Quelle. Richten Sie Ihr ganzes Wesen nach ihr aus.

Die Aufmerksamkeit auf diese Weise auszurichten ist ein äußerst wichtiger Vorgang, der bewusst vollzogen werden muss. Die Meditation sollte ebenso klar wie detailfreudig sein. Vermeiden Sie es, nur in einen vagen Tagtraum abzudriften.

Das Objekt Ihrer Meditation ist die kosmische Quelle aller Güte, Schönheit und Wahrheit. Sie ist die grenzenlose Energie, die alle Welten aufrechterhält. Sie ist die Liebe, die Sonne und Sterne bewegt. Wenn Sie bei der Meditation Ihre Aufmerksamkeit nach oben richten, werden sich Frieden und Glück ganz von selbst in Ihnen ausbreiten.

Dieses Bewusstsein sollten Sie fördern, damit es sich immer mehr stabilisiert, je vertrauter Sie mit der Technik werden. Dann wird bald Ihr gesamtes Sein, Körper und Seele, in den göttlichen Schimmer der Quelle Ihrer Meditation getaucht sein. Sie werden den Segen, der die Gottheit umgibt, immer stärker spüren. Glück und Frieden, die auf diese Weise zu Ihnen gelangen, sind echt. Sie sollten sie genießen: Dies ist der natürliche Zustand Ihrer Seele, sobald sie in ihre wahren Bindungen eintaucht und sich von allen Zwängen frei macht.

Wenn man über die höchste Quelle von Licht und Leben meditiert, aus der letztendlich auch unser Wesen entspringt, fühlt man sich stark zu ihr hingezogen. Diesem Gefühl müssen wir nur nachgeben. Wir müssen es fördern und verstärken. Zusammen mit dem Gefühl von Glück und innerem Frieden wird es wachsen, je mehr wir uns diese Übung zu Eigen machen.

3. In diesem Sehnen lassen Sie sich nun nach oben ziehen. Dehnen Sie sich aus, wachsen Sie und werden Sie immer größer, bis Sie eine gewaltige, unfassbare Ausdehnung erlangt haben.

Dies ist der wesentliche Schritt in diesem Teil der Übung: die bewusste Vorstellung des sich ausdehnenden Selbst, das immer mehr Weite gewinnt.

Die Übung hat einen enormen psychologischen Nebeneffekt: Wir lernen die Macht und Würde kennen, die in unserem wahren Selbst wohnt und von den Grenzen und Belastungen des Alltagslebens unberührt bleibt.

4. Ruhen Sie nun in diesem Gefühl der gewaltigen Größe, und stellen Sie sich eine Kugel aus strahlend weißem Licht vor, die direkt über Ihrem Kopf schwebt, ohne ihn zu berühren.

Diese Lichtkugel steht für das Kronenchakra Ihres Astralkörpers, dessen Energie sie erweckt. Das Kronenchakra ist der Teil, der als höchstes Band zwischen Ihrer individuellen Persönlichkeit und der Pracht und Grenzenlosigkeit des göttlichen Ganzen fungiert. Trotzdem ist hier sozusagen ein Sicherheitsventil eingebaut, welches das Alltagsbewusstsein davor schützt, sich Kräfte zuzuschreiben, die ihm nicht eigen sind. Die Lichtkugel sitzt ein wenig über dem Scheitelpunkt, ohne diesen zu berühren. Diese klare Trennung signalisiert, dass das Kronenchakra, die Verbindung zum Göttlichen, immer über der Ebene der »Normalpersönlichkeit« steht, obwohl Letztere immer versuchen sollte, an dessen Gaben teilzuhaben. Obwohl diese Gaben den verstandesmäßigen Teil des Geistes übersteigen, werden wir sie immer mehr nutzen können, wenn wir uns innerlich entwickeln.

5. Das Strahlen der Lichtkugel und alle wunderbaren Aspekte ihrer Ausstrahlung nehmen nun zu, bis ein intensives Licht Sie umfängt und durchdringt, Ihr ganzes Sein erfüllt und Sie schließlich wie eine Aura aus weißen Strahlen vollkommen umgibt.

Das ständige Anwachsenlassen der Lichtintensität und des Strahlenkranzes, der die Kugel umgibt, ist keine schlichte Visualisierungsübung. Um diese Phase der Übung richtig zu machen, müssen sowohl das begriffliche Denken als auch die emotionale Ebene von Anfang an auf das Ehrfurcht gebietende Wunder und die spirituelle Schönheit der Kugel eingestellt sein, die vollkommen transzendent ist und uns doch innewohnt. Am Ende dieser Übung sollten Sie spüren, wie das gleißende Licht Ihres Höheren Selbst Sie vollkommen umgibt: ein Glanz, in dem auch Ihre instinkthaften und emotionalen Seiten aufgehoben sind.

Teil 2: Den Kreis ziehen

6. Stellen Sie sich weiterhin die Lichtkugel über Ihrem Scheitel und die Aura aus strahlend weißem Licht vor, die Sie umgibt. Lassen Sie eine Wand aus weißem Licht entstehen, die sich im Gegenuhrzeigersinn um Ihren Raum dreht. Wenn Sie dieses Bild klar im Kopf haben, sagen Sie:

Möge das göttliche Licht meines Höheren Selbsts diesen Ort frei werden lassen von allen Behinderungen, frei von jedem Schatten des Zweifels und der Illusion.

7. Sie spüren immer noch die Kugel aus weißem Licht und Ihre Aura, während Sie sich eine zweite Wand rund um Ihr Zimmer vorstellen, dicht innerhalb der ersten. Sie ist von zartem Blau und dreht sich im Uhrzeigersinn. Wenn Sie diese zweite Wand deutlich wahrnehmen können, sagen Sie:

Möge das göttliche Licht meines Höheren Selbsts diesen Ort mit Frieden und mit dem Segen von Liebe und Güte erfüllen.

8. Nun entlassen Sie die Visualisierungen langsam aus Ihrem Bewusstsein.

Das Licht erwecken

Die oben geschilderte Methode besteht aus zwei Teilen. Teil 1 ist eine machtvolle Technik zur Fernhaltung negativer Einflüsse, die Sie auch unabhängig von einer Astralreise für sich einsetzen können. Wir werden später noch einmal darauf zurückkommen. Zum Nachschlagen seien hier die wichtigsten Punkte der beiden Übungen zum Schutzkreis noch einmal kurz zusammengefasst:

Das Licht erwecken

1. Stellen Sie sich – mit dem Gesicht nach Osten – in die Mitte des Raumes.

2. Richten Sie Ihre Aufmerksamkeit auf die Quelle von Licht und Leben.

3. Stellen Sie sich vor, an Größe und Weite zuzunehmen.

4. Behalten Sie das Gefühl von Größe bei und visualisieren Sie eine strahlend weiße *Lichtkugel* über Ihrem Kopf.

5. Das Strahlen der Kugel nimmt zu und durchdringt Ihr ganzes Sein. Dies umgibt Sie mit einer Aura von Licht.

Den Kreis ziehen

Der zweite Teil der Übung für den Schutzkreis umfasst das konkrete Ziehen des Kreises, womit Sie einen geheiligten Raum schaffen, der nur Ihrer astralen Arbeit gewidmet ist.

Insgesamt werden zwei Kreise gezogen: Der erste dreht sich im Gegenuhrzeigersinn und hat bannende Kräfte. Wenn Sie ihn erschaffen, sollten Sie daran denken, dass Sie Ihren Ort von allen unerwünschten Kräften frei halten möchten. Der zweite Kreis bewegt sich im Uhrzeigersinn und soll positive Energien anziehen. Wenn Sie diesen Kreis erschaffen, sollten Sie den tief gefühlten Wunsch haben, Ihren Raum mit Liebe, Frieden und spiritueller Energie zu füllen.

Ein Zeichen der Macht

Statt den zweiten Kreis durch eine Wand aus Licht zu ziehen, können Sie ihn auch mit Zeichen besiegeln. Machen Sie, nachdem Sie die erste Wand im Geist erschaffen haben, ein Zeichen in alle vier Himmelsrichtungen. Gehen Sie dabei vom Osten über den Süden und Westen zum Norden, also im Uhrzeigersinn. Ihr Zeichen sollte etwas sein, woran Sie tief im Innersten glauben, etwas, was Ihnen wirklich viel bedeutet. Möglichst etwas, in dem sich die Kraft einer Gottheit oder einer anderen spirituellen Autorität spiegelt: ein Kreuz oder ein von einem Kreis umgebenes Kreuz, ein fünfzackiger Stern, der Davidsstern oder sonst etwas in dieser Art. Wenn Sie mit dem Segnen des Raumes fertig sind, stehen Sie erneut mit dem Gesicht nach Osten. In diesem Augenblick sprechen Sie den Segensspruch wie unter Punkt 7. Erst dann ist der Vorgang beendet.

4

Den Astralkörper anregen und verfeinern

Die »niederen« Bereiche des Unbewussten, in denen der Astralkörper meist verankert ist, wurden von der klinischen Psychologie ausreichend erforscht. Dasselbe gilt für die höheren Bereiche des Unbewussten, die wir als »Höheres Selbst« bezeichnen. Sie waren über Jahrhunderte hinweg die Domäne der Mystiker aller großen religiösen und philosophischen Schulen. Interessanterweise fanden viele dieser mystischen Erkenntnisse auch im Werk des Schweizer Psychologen Carl Gustav Jung ihren Niederschlag. Wir können uns daher über all diese Themenbereiche hinreichend informieren. Doch die Erarbeitung des theoretischen Hintergrundes ist nur ein – und für unsere Zwecke sogar der geringere Teil – der Arbeit, die wir vor uns haben. *Das Unbewusste ist der spirituell fruchtbarste Teile der Psyche. Doch um ihn nutzen zu können, müssen wir das rationale Bewusstsein mit ihm in Verbindung setzen.* Dann wird das »niedere« Unbewusste effektiv gesteuert und kann harmonisch mit dem »höheren« Unbewussten zusammenarbeiten. Es ist also von entscheidender Bedeutung, beide Bereiche so weit wie möglich mit der bewussten Persönlichkeit zu vereinen, ohne sie jedoch zu rationalisieren, denn dann würden wir uns ihrer Macht entziehen. Darüber hinaus ist es für unser Wohlbefinden wichtig, den Fluss der Lebensenergien, der spirituellen sowie der instinkthaften, ebenfalls unserem bewussten Selbst zugänglich zu machen. Dieser ungehinderte Austausch ist nicht nur gut für unser psychisches und physisches Wohlbefinden, wir können damit auch die innere und die kosmische Bewusstheit, die wir beide für unsere astralen Aktivitäten benötigen, entsprechend steigern.

Der Austausch zwischen den Ebenen

Eine lebendige Basis für diese Art der Kommunikation ist in der Psyche bereits angelegt. Viele Menschen, die noch nie mit ihrem Höheren Selbst kommuniziert haben, verfügen trotzdem über einen hohen Grad an übersinnlicher Wahrnehmung, den sie entweder bereits bei ihrer Geburt mitbrachten oder sich allmählich antrainiert haben. Diese Wahrnehmung von Formen oder Emotionen auf der Astralebene geschieht über den Astralkörper und schenkt ihnen Einsichten, auf denen sie ihr Leben aufbauen. Anderen Menschen ist die Pforte zur astralen Wahrnehmung zwar verschlossen, doch nehmen sie in Augenblicken der Krise eine innere Stimme wahr, die ihnen klare Anweisungen gibt. Diese seltenen, aber lebenswichtigen Botschaften aus dem »Unbewussten« sind weithin bekannt. Gewöhnlich zeichnen sie sich durch die Genauigkeit der in ihnen enthaltenen Informationen aus. Sie sind ebenso kurz wie treffend. In schweren Krisenfällen (manchmal geht es dabei um Leben oder Tod) öffnet sich nämlich manchmal ganz von selbst ein Kanal zwischen dem Höheren Selbst und der Instinktebene der Psyche: Das Höhere Selbst greift ein, um die inkarnierte Persönlichkeit vor Schaden oder gar Zerstörung zu bewahren. Denn das Höhere Selbst ist mit dieser Persönlichkeit vom ersten Tag an in inniger Liebe verbunden.

Doch auch außerhalb solcher Notfälle ist es von zentraler Bedeutung für das reibungslose Funktionieren unserer Persönlichkeit auf allen Ebenen, dass spirituelle und mentale, emotionale und instinkthafte Aspekte in lebendigem Austausch stehen.

Die folgende einfache Übung verfolgt zwei Ziele, die eng mit unserem Vorhaben der Astralprojektion verknüpft sind. Die positiven Auswirkungen dieser Übung werden Sie umso deutlicher spüren, je vertrauter Sie damit werden, und zwar nicht nur in Ihrer astralen Arbeit, sondern im Leben als Ganzes. Zunächst wird dadurch das Energieniveau des Astralkörpers gestärkt. Die Lebenskraft kann frei fließen und verstärkt so den Austausch zwischen den Ebenen der Psyche. Außerdem sorgt sie dafür, dass die Astralsubstanz besser zirkuliert und sich verteilt. Wenn Sie also einmal Astralsubstanz benötigen, dann müssen Sie diese nicht mehr nur von der »gröberen« Ebene nehmen.

Grundtechnik

1. Stellen Sie sich so hin, dass Sie gut ausbalanciert sind. Die Füße stehen sicher auf der Erde, die Arme hängen locker zu beiden Seiten herab.

2. Nun stellen Sie sich eine strahlend weiße *Lichtkugel* – Ihr astrales Kronenchakra – vor, die unmittelbar über Ihrem Kopf schwebt.

3. Beim Einatmen visualisieren Sie einen weißen Lichtstrahl, der aus dieser Kugel in Ihr Herz dringt und Ihr Herzchakra ebenfalls in eine leuchtend weiße Lichtkugel verwandelt.

4. Beim Ausatmen stellen Sie sich vor, wie ein weiterer weißer Lichtstrahl aus dem Herzzentrum zu den Füßen wandert. Dort bildet sich noch eine Lichtkugel, die jedoch nicht so gleißend hell ist wie die über Ihrem Kopf.

5. Beim nächsten Einatmen visualisieren Sie einen Strahl von goldenem Licht, der von Ihren Füßen zurück ins Herzzentrum führt.

6. Beim Ausatmen bleiben die Lichtströme erhalten. Sie stellen sich geistig ganz auf das Licht der drei Zentren und den verbindenden Lichtstrahl ein.

7. Wiederholen Sie jetzt mehrfach Schritt 3, 4, 5 und 6 wie oben beschrieben.

8. Am Ende tritt aus Ihrem Herzzentrum ein mächtiger Lichtstrahl, der Sie in eine Aura aus goldenem Licht hüllt.

Diese Übung sollte täglich ausgeführt werden, auch wenn Sie für sich noch kein regelmäßiges Astral-Übungsprogramm aufgestellt haben. Machen Sie die Übung immer, bevor Sie auf astraler Ebene arbeiten, möglichst nach dem Sie den Schutzkreis errichtet haben.

Sie werden die positiven Auswirkungen schon nach Ihrer ersten Sitzung spüren. Das Licht dringt tief in Ihr Körperbewusstsein und die unbewussten Ebenen der Psyche ein. Mit zunehmender Übung arbeitet sich das Licht immer weiter vor, sodass immer größere Anteile Ihrer Psyche ins Bewusstsein gerückt werden.

Den Horizont erweitern

Obwohl die allgemein vorherrschende Meinung dem menschlichen Potenzial enge Grenzen setzt, haben diese Grenzen für die Kräfte der Seele keine wirkliche Bedeutung. Auch außerhalb der spirituellen Welt (die für das gewöhnliche Bewusstsein nicht einsehbar ist) ist die Macht des Geistes auf seinem ureigensten Gebiet, dem Finden neuer philosophischer oder mathematischer Antworten auf veränderte Lebenssituationen oder neue geophysikalische bzw. astronomische Entdeckungen, scheinbar unbegrenzt. Dasselbe gilt für das immer währende Abenteuer der Astralerfahrung und für die weitgehend noch unerforschten Kräfte der Psyche, deren sichtbare Auswirkungen uns mitunter die Sprache verschlagen. So erfahren wir zum Beispiel gerade bei Kranken immer wieder, dass die Seele in der Lage ist, bestimmte, unvermeidlich scheinende körperliche Reaktionen zu hemmen oder in eine andere Richtung zu lenken.

All diese Phänomene sind jedoch nur vage Hinweise auf die unbegrenzte Macht, die uns innewohnt, eine Macht, die keinerlei Beschränkungen unterworfen ist, die größer und erhabener ist als alles, was wir davon im irdischen Leben wahrnehmen. Die üblichen Bedingungen unseres Alltagslebens sind wie Mauern, welche die Weite der spirituellen und übersinnlichen Möglichkeiten, die in jedem Menschen stecken, vor unserem Blick verschließen. Üben wir uns jedoch immer und immer wieder in der beschriebenen Grundtechnik, öffnen wir uns langsam für die Wirklichkeit dieser unbegrenzten Möglichkeiten.

Das Gefühl von Kraft und Seligkeit, das diese Übung mit sich bringt, ist keine unbegründete, künstliche Euphorie. Wir heben nur den Schatz der Lebenskraft und des Glücks, die wahre Natur unserer Psyche, endlich ins Bewusstsein, indem wir uns seelisch darauf einstimmen.

5

Fakten und Fiktion

In den letzten Jahren haben die Medien mehr und mehr über außerkörperliche Erfahrungen berichtet. Mittlerweile gibt es eine Menge guter Bücher darüber. Heute studieren und praktizieren so viele Menschen die Astralprojektion, dass die anderen unwillkürlich meinen, es müsse sich dabei um einen modernen Mythos handeln, den sie glauben könnten oder lieber nicht, als sei es eine Entdeckung der jüngsten Zeit.

Für viele Menschen ist die Tatsache, dass die Öffentlichkeit die Astralprojektion mit einem Mal zu akzeptieren scheint, ein wirklicher Trost, weil sie solche und ähnliche Erlebnisse bereits in ihrem eigenen Leben erfahren haben. Jetzt, wo dieses Thema salonfähig geworden ist, kann man nur erstaunt feststellen, wie viele Menschen von außerkörperlichen Erfahrungen berichten, die sie vorher schamhaft verschwiegen haben, weil sie dachten, man würde ihnen sowieso nicht glauben. Viele zweifelten sogar an ihrer eigenen Wahrnehmung.

Und doch ist die außerkörperliche Erfahrung alles andere als ein Phänomen unserer Zeit.

Außerkörperliche Erfahrungen gibt es in jeder Kultur

All jene, die die innere Sicherheit aufbringen, für sich und ihre Erlebnisse einzustehen, wissen, dass die außerkörperliche Erfahrung in allen Kulturen und allen Epochen der Weltgeschichte in zahllosen Variatonen aufgetreten ist. Schamanen, Medizinmänner, Asketen und Mystiker von Asien bis Afrika, von Neuseeland bis Amerika, von Australien bis Europa besitzen seit jeher die Fähigkeit, ihren Körper bewusst zu verlassen oder bestimmte Kräfte aus den geistigen Bereichen zu holen, die sie zu ungewöhnlichen Taten befähigen.

So gibt es eine berühmte Stelle im zweiten Brief an die Korinther, in der der Apostel Paulus sagt (2. Korinther XII, 1–4):

Es ist mir ja das Rühmen nichts nütze, doch will ich kommen auf die Gesichte und Offenbarung des Herrn. (1)

Ich kenne einen Menschen in Christo. Vor vierzehn Jahren (ist er in dem Leibe gewesen, so weiß ich's nicht; oder ist er außer dem Leibe gewesen, so weiß ich's nicht; Gott weiß es.) ward derselbe entrückt bis in den dritten Himmel. (2)

Und ich kenne denselben Menschen (Ob er im Leibe oder außer dem Leibe gewesen ist, weiß ich nicht; Gott weiß es), (3)

der ward entrückt in das Paradies und hörte unaussprechliche Worte, welche kein Mensch sagen kann. (4)

Alte Texte, vor allem die Bibel, nach Hinweisen auf Astralreisen zu durchsuchen, ist eine faszinierende Beschäftigung, auch wenn es dabei immer wieder zu bestimmten Problemen kommt. Die alten Schriften, in denen teilweise mündliche Überlieferungen festgehalten wurden, entstanden in einer Kultur, welche die erzählte Geschichte bereits kannte. Daher musste das entsprechende geistige Umfeld nicht extra erklärt werden. Außerdem verfügten die alten Sprachen – wie dies auch bei manchen modernen Sprachen noch vorkommt – in dieser Hinsicht nur über einen begrenzten Wortschatz. Daher müssen wir in solchen Fällen unterscheiden lernen, was wörtlich gemeint ist und was im übertragenen Sinne ausgedrückt wird. Mitunter erscheinen Dinge, die der moderne Leser für wichtig hält, nur in Andeutungen und Nebensätzen, weil sie für den zeitgenössischen Leser so selbstverständlich sind, dass sie keiner Erläuterung bedürfen. Im vorliegenden Fall scheint sicher zu sein, dass Paulus (denn er spricht wohl von sich selbst) entweder von einem Erlebnis berichtet, bei dem Körper und Seele sich getrennt haben oder von einer mystischen Ekstase, bei der das Bewusstsein sich buchstäblich über die Grenzen seiner rationalen Wahrnehmung hinaus *erhob*.

Der Astralkörper historisch betrachtet

Man hört und liest häufig, dass die Vorstellung vom »Astralkörper« östlichen Ursprungs sei, tatsächlich aber stellten auch die Denker des alten Griechenlands Überlegungen über feinstoffliche Körper an. Hinweise finden sich beispielsweise in den Schriften von Platon und Aristoteles. Auch Neuplatoniker wie Plotin, Porphyrius, Iamblicus, Proclus und andere große Köpfe dieser Tradition haben nicht unwesentlich zu einem besseren Verständnis des Phänomens beigetragen. In seinem Kommentar zu *Scipios Traum* spricht Macrobius im späten 4. Jahrhundert davon, »den Lichtkörper anzulegen«. Und Boethius (480–524) schreibt im *Trost der Philosophie* vom »aufsteigenden Gefährt«. Auch in der Geisteswelt des mittelalterlichen Europa taucht die Frage nach dem »Lichtkörper« immer wieder auf. Die hermetischen Gesellschaften in Mittelalter und Renaissance vereinten ihr Wissen mit dem der kabbalistischen Tradition, was neues Licht auf das Thema warf. Im 17. Jahrhundert nahm der Gelehrte Ralph Cudworth ein Kapitel über den Astralkörper in seine Abhandlung *Intellectual System* auf. Und im 19. und 20. Jahrhundert nahmen sich die Gesellschaften der Okkultisten dieser Frage an und gingen dem Thema weiter auf den Grund.

Es ist also gar nicht nötig, bis nach Indien zu gehen, wenn wir nach historischen Hinweisen auf den Lichtkörper und seine Kräfte suchen. Die großen hinduistischen Abhandlungen über den feinstofflichen Körper stellen einfach einen parallelen Forschungszweig dar. Wir sollten allerdings nicht vergessen, dass die frühen Vorstellungen über den Lichtkörper, wie sie sich in neuplatonischen Schriften finden, stark vom Mystizismus der babylonischen Tradition beeinflusst waren.

Zwei Pioniere und Poeten

Dichter müssen von ihrem Metier her nicht sehr akkurat in ihren Aussagen sein, sodass man aus der Poesie selten genauere Informationen ziehen kann. Trotzdem sollen hier zwei poetische Geister Erwähnung finden, die der außerkörperlichen Erfahrung zu einem außergewöhnlichen sprachlichen Gewand verhalfen.

William Blake (1757–1827) erwähnt in seinen *Liedern der Unschuld*, wie er »durch die Pforte am Scheitel« gegangen sei. Tatsächlich ist dies eine der Stellen, an denen wir Astralsubstanz austreten lassen können, damit sie uns als »Fahrzeug« oder »Gefährt« für das Bewusstsein dient. Allerdings ist diese Technik nicht gerade leicht zu erlernen. Normalerweise sind Menschen, die den Austritt des Bewusstseins an dieser Stelle vollziehen können, spirituell schon recht weit entwickelt.

Walt Whitman (1819–1892) stellt uns in seinem Gedicht *Die Schläfer* eine ziemlich eindeutige außerkörperliche Erfahrung vor, ohne jedoch ins Detail zu gehen, wie es zu dieser Erfahrung kommen konnte. Natürlich kann dieser Bericht ein reines Fantasieprodukt sein, doch für den in Astralreisen erfahrenen Leser enthält der Text einfach zu viele treffende Einzelheiten, um wirklich auf reine Fantasie zurückzugehen.

Bensons »Nekromanten«

Robert Hugh Benson (1871–1914) war der Sohn des damaligen Erzbischofs von Canterbury, wurde selbst jedoch Pfarrer der römisch-katholischen Kirche. Darüber hinaus war er ein talentierter Romancier. Offenkundig recherchierte er seine Themen genau, auch wenn er seine Romane eher zum Zwecke religiöser Propaganda schrieb. Der Roman *Die Nekromanten* entstand, den Charakteren nach zu urteilen, in den letzten Jahren des 19. Jahrhunderts. Es geht darin um die damals weit verbreitete spiritistische Bewegung. Obwohl der Autor diese natürlich verurteilt, beschreibt er die einzelnen Phänomene so lebhaft und detailgenau, dass er unzweifelhaft persönliche Erfahrungen auf diesem Gebiet besessen haben muss.

Der Held der Geschichte, dessen übersinnliche Fähigkeiten durch sein wachsendes Interesse an der nicht materiellen Welt zunehmen, macht eine unwillkürliche außerkörperliche Erfahrung, die ihn eher verstört. Da er niemanden kennt, dem er davon berichten könnte, wendet er sich an ein Medium, das darüber allerdings auch nicht viel zu sagen weiß, außer dass diese Dinge nun mal geschehen.

Und hier kommen nun die Vorurteile des Autors ins Spiel. Der junge Held der Geschichte stellt nämlich die bange und zentrale Frage: »Was ist, wenn ich nicht mehr zurückkomme?«

Und die Antwort des Mediums: »Dann kommst du eben nicht mehr zurück.«

Ängste schüren

Diese Wendung der Erzählung dient natürlich vor allem einem Zweck: Sie soll die Angst schüren und die Vorstellung wecken, dass alle übersinnlichen Unternehmungen potenziell gefährlich sind. Dabei ist die Logik ungefähr genauso zwingend, als würden wir fragen: »Und was, wenn uns der Himmel auf den Kopf fällt?« und jemand würde darauf antworten: »Na, dann fällt uns eben der Himmel auf den Kopf.«, ohne darauf einzugehen, wie wahrscheinlich diese Tatsache ist. Diese Antwort musste jeden abschrecken, der den Roman las, weil er sich für übersinnliche Phänomene interessierte. Vermutlich wurden davon auch noch andere Schriftsteller negativ beeinflusst, denn ein ähnliches

Motiv findet sich im vielfach missverstandenen »Ding auf der Schwelle«, um das es in einer der unheimlichen Geschichten von H. P. Lovecraft geht.

Ein entzaubertes Monster

Dergleichen alberne Märchen überhaupt noch einmal zu erwähnen ist eigentlich unverzeihlich, ginge es hier nicht darum, Neulingen, die darüber in älteren Büchern lesen können, den wahren Sachverhalt zu erklären. In solchen Geschichten wird immer und immer wieder die antiquierte Vorstellung aufgewärmt, dass man, wenn man seinen Körper verlässt, auf ein Ungeheuer oder eine schreckliche Vision stoßen könne, die einen daran hindere, wieder zurückzukehren.

Keines der neueren Bücher geht auf diesen Humbug ein, weil diese durchweg auf realen Erfahrungen beruhen und niemand bisher eine solche Erfahrung gemacht hat. Wenn Sie zum ersten Mal Ihren Körper verlassen, müssen Sie nämlich vielmehr darauf achten, einem anderen Drang nicht nachzugeben: Gewöhnlich zieht es Sie äußerst heftig in Ihren Körper zurück!

Das wahre »Ding auf der Schwelle«

Das eigentliche »Ding auf der Schwelle« ist letztlich ein ganz anderes Problem, das mit Astralprojektionen nicht das Geringste zu tun hat.

Vielleicht machen Sie selbst diese Erfahrung ja nie, doch wenn Ihnen ein Freund davon berichtet, dann sollten Sie ihm oder ihr interessiert zuhören und Mut machen, gegen diesen »Dämon« anzukämpfen.

Das wahre Problem sieht so aus: Es gibt Menschen, die, sobald sie beschließen, ein intensives Programm zur inneren Entwicklung zu absolvieren, sich sofort allen möglichen negativen Einflüssen ausgesetzt sehen wie Angstgefühlen, der Unfähigkeit, etwas zu Wege zu bringen, oder ständigen Zweifeln, ob es sich »auch lohnt«. Die Angst vor dem Scheitern ist ebenfalls ein häufiger Grund, erst gar nicht anzufangen. Was dahinter steckt ist – im Normalfall wenigstens – einer oder mehrere der unten genannten Faktoren:

- Furcht vor dem Unbekannten,
- ein irrationales, meist unbewusstes Gefühl der Schuld bzw. Wertlosigkeit,
- die immer währende menschliche Abneigung, sich anzustrengen.

Diese drei Faktoren in ihren verschiedenen Verkleidungen sorgen dafür, dass das »Ding auf der Schwelle« jeden echten Fortschritt verhindert.

Bram Stokers »Dracula«

Dracula, Bram Stokers Klassiker des Okkulten, wurde 1897 zum ersten Mal veröffentlicht. Damals war die einzige Absicht des Autors, sein Publikum zum Gruseln zu bringen. Tatsächlich soll der Roman ja auf eine Wette zurückgehen. Bram Stoker wollte beweisen, dass er tatsächlich einen Roman über ein so entlegenes Thema wie Vampire unters Volk bringen konnte.

Nichtsdestotrotz hat Stoker natürlich einiges an Nachforschungen in dieser Hinsicht angestellt. Auch wenn geschichtliche Fakten und Traditionen an mancher Stelle dem Schöpfungswillen des Autors weichen mussten, so fußt das zugrunde liegende Material doch auf Tatsachen.

Im Folgenden zitieren wir aus der Erzählung Lucy Westenras von einer ihrer Begegnungen mit Dracula. Sie schlafwandelte und ging dann offenkundig in einen tieferen Trancezustand über, in dem ihr Bewusstsein den Körper verließ. So erzählt sie ihrer Freundin Mina:

... und dann schien auf einmal alles zurückzuweichen. Meine Seele hob sich vom Körper ab und schwebte in der Luft. Ich kann mich sogar erinnern, den Leuchtturm im Westen von oben betrachtet zu haben. Plötzlich aber kam dieses schreckliche Gefühl, als würde mich ein Erdbeben erschüttern, und mit einem Mal fand ich mich wieder hier im Zimmer und erkannte, dass du mich fest schütteltest. Ich sah es dich tun, noch bevor ich es gespürt habe.

Dies sind ganz offensichtlich die kundigen Beobachtungen einer Person, deren Bewusstsein sich vom physischen Körper gelöst hat. Mina geriet in Panik und schüttelte Lucys Körper so heftig, dass sie erwachte. Lucy berichtet, dass ihr Bewusstsein abrupt in den Körper zurückkehrte. Kurz bevor sie wieder zurückschlüpfte, konnte sie von der astralen Ebene aus beobachten, was ihre Freundin tat. Im nächsten Moment fühlte sie das Schütteln »von innen«, wie das eine Person im Wachzustand ebenfalls tun würde.

Bram Stokers Roman schlug ein wie eine Bombe und erfreut sich bis heute starken Interesses. Hätte er hingegen das, was seine Recherchen ergaben, als dokumentarischen Bericht veröffentlicht, wäre er dem, was das Publikum zu akzeptieren gewillt war, sicher um mehrere Jahrzehnte voraus gewesen.

Die Oglala Sioux

In den 30er-Jahren des 20. Jahrhunderts kam ein bemerkenswertes Buch auf den Markt, das authentische Erfahrungen beschrieb, und einen weiten Weg zurücklegen musste, bevor ihm Erfolg zuteil wurde.

Black Elk Speaks (deutsch: *Ich rufe mein Volk*, Freiburg 1984) wurde 1932 von John Neihardt herausgegeben. Der Autor hält darin fest, was Black Elk, ein Medizinmann der Oglala Sioux ihm erzählte. Wir finden Berichte von Visionen und außerkörperlichen Erfahrungen, die Black Elk und andere Angehörige seines

Stammes machten, doch die Zeit war für dieses Buch noch nicht reif. Die Geschichte eines Angehörigen der amerikanischen Ureinwohner interessierte damals kaum jemanden.

Daher wurde das Buch auch erst 1961 wieder aufgelegt, als sich die allgemeine Einstellung diesbezüglich geändert hatte. Bald fand es die Anerkennung, die ihm zukommt, und wurde zum Meilenstein biografischer Literatur der Indianer.

Die Welt hinter der unseren

Was mich daran interessiert, sind weniger die Berichte über Astralreisen oder die Tatsache, dass sie damals als normale Erfahrungen galten. Es geht mir vielmehr um die Art, wie die amerikanischen Ureinwohner diese Erfahrungen erklären. Denn dieselbe Erklärung findet sich im alten Ägypten bzw. in den anderen Kulturen der östlichen Mittelmeerländer.

So erzählt Black Elk von einer Vision, die sein berühmter Vetter, der Krieger Crazy Horse, als Junge hatte. Black Elk berichtet, der Junge sei in seinem Traum zuerst in eine Welt gegangen, die *hinter* der materiellen Welt liegt, eine Welt, deren Schatten wir in der materiellen Welt sehen können. Diese uralte Sicht der astralen Welt beruht auf der Vorstellung, dass alles, was dort passiert, ähnliche Geschehnisse auf der materiellen Ebene nach sich zieht, ja manchmal sogar direkt verursacht.

Gleichzeitig können die Erfahrungen des jungen Siouxkriegers Neulingen auf dem Gebiet der Astralreise Mut machen. Denn Crazy Horse war keineswegs sofort in der Lage, sich der ätherischen Sicht zu bedienen. Zunächst sah für ihn alles so aus, als sähe er durch einen dichten Schleier fließenden Wassers:

Sein Pferd stand ruhig da, gleichzeitig aber tanzte es wild herum, als bestünde es nur aus Schatten, daher bekam er seinen Namen …

Zwischen Seelenkraft und Wissenschaft: der Kristall

Doch lassen wir nun die Visionen der Vergangenheit und wenden wir uns der Zukunft zu.

Die Tatsache, dass bestimmte Menschen in der Lage sind – und immer waren –, ihr Bewusstsein in andere Zeiten und an andere Orte zu schicken, regt die Fantasie der Menschheit offenkundig an. Sagt unser Unbewusstes uns nicht überdeutlich, dass wir alle diese Fähigkeit haben, wenn nur die richtigen Umstände zusammenkommen?

»Umstände« bedeutet vor allem: genug Energie und die Fähigkeit, sie dem gewünschten Zweck zuzuführen. Wenn diese Grundbedingungen erfüllt sind, können wir alle Welten bereisen.

»Du glaubst doch nicht etwa wirklich, dass der Geist des Menschen seinen Körper verlässt und auf die Reise zu den Sternen geht?«

»Natürlich«, antwortete sie.

Dies ist ein Zitat aus Edward Hamiltons Roman *Starwolf*, einem Science-Fiction-Epos. Die Menschen in diesem Roman verlassen ihren Körper ohne jegliche Übung, manchmal sogar, ohne es zu wollen, weil sie von der Energie einer gewaltigen, von Wissenschaftlern gezüchteten Kristallmasse angeregt werden.

Theoretisch wäre das denkbar, auch wenn unsere heutige Wissenschaft, vielleicht zu unserem Glück, noch nicht so weit ist. Die Hauptschwierigkeit dabei ist, dass das gewöhnliche menschliche Bewusstsein, wenn es denn »bei Bewusstsein« bleiben möchte, ein Vehikel braucht, mithilfe dessen es die Umgebung wahrnehmen kann. Und die Ebene der Psyche, die in der Lage ist, dieses »Fahrzeug« zur Verfügung zu stellen, wird nicht durch den bewusst kontrollierbaren Teil des Nervensystems gesteuert, sondern durch den autonomen.

Da es also stärker auf das Herz und den Solarplexus ankommt als auf das Gehirn, ist die Kraft der Kristalle ein durchaus brauchbares Hilfsmittel für astrale Unternehmungen. Viele Menschen fühlen sich von dem Licht, das geheimnisvoll im Inneren von Kristallen und Edelsteinen leuchtet, magisch angezogen. Die machtvollen Energien ihres Strahlens werden heute wieder – wie in den alten Kulturen – tiefer erforscht.

6

Die Astralsubstanz – spielerisch entdeckt

Ihr Astralkörper ist extrem elastisch und variiert in der Dichte ganz erheblich. Er enthält zum Beispiel auch das ätherische, fast schon materielle »Ektoplasma«, das den Medien des 19. Jahrhunderts so lieb war, aber auch die hyperfeinen astralen Schwingungen, die sich mit der Geschwindigkeit eines Gedankens bewegen.

Wenn sie mittlere Dichte annimmt, dient die Astralsubstanz verschiedenen Zwecken: So können wir daraus einen funktionierenden Körper formen, in dem unser Bewusstsein bequem reisen kann, der ihm zu fühlen und zu handeln ermöglicht. Senden Sie die Astralsubstanz hingegen aus und behalten Ihr Bewusstsein im Körper, dann ergeben sich daraus einige höchst interessante paranormale Fertigkeiten, von denen die Psychokinese, also die geistige Einwirkung auf materielle Gegenstände, nur eine ist.

Im freien Fluss

Manchmal ergeben sich Dinge wie Psychokinese auch einfach so, ohne bewusste Einwirkung des Individuums. Vielleicht haben Sie schon einmal Sätze wie diesen gehört: »Ich habe die Karte nur angesehen und schon fiel sie vom Regal.« Manchen Menschen passiert so etwas ständig, obwohl sie keine Ahnung haben, wie sie es zu Wege bringen.

Der Astralkörper verfügt über keine feste Grenze wie die Haut, die unseren physischen Körper umschließt. So ist jeder

Mensch von einer gewissen Menge Astralsubstanz umgeben, die ausgesandt werden kann. Wie viel das genau ist, hängt von der Gesundheit, Fitness und Übung des Einzelnen ab.

Mit der Astralsubstanz zu spielen macht Spaß. Sie können sich mit ihr vertraut machen, auch ohne den Körper zu verlassen. Das Gespür dafür zu bekommen, wie man sie formt und lenkt, ist vergleichsweise einfach.

Das erste Spiel

1. Ziehen Sie zuerst den *doppelten Schutzkreis*.

2. Führen Sie dann die *Grundtechnik* aus.

3. Setzen Sie sich aufrecht auf einen Stuhl, wobei die Fußsohlen flach auf dem Boden stehen. Atmen Sie tief ein und aus, ohne Ihre Lungen bewusst voll zu pumpen. So als würden Sie tief und fest schlafen.

4. Lassen Sie sich ein paar Minuten Zeit, um sich an Sitzposition und Atmung zu gewöhnen. Dann heben Sie die Hände in Augenhöhe, sodass Sie sie deutlich vor dem dunklen Hintergrund sehen können. Die Handflächen sind einander zugewandt, berühren sich aber nicht. Dann spreizen Sie leicht die Finger und legen die Fingerkuppen beider Hände so aneinander, dass die entsprechenden Finger der jeweiligen Hand sich berühren: Zeigefinger auf Zeigefinger, Mittelfinger auf Mittelfinger und so weiter. Drücken Sie die Fingerkuppen gegeneinander (nicht allzu fest), und atmen Sie weiter. Bleiben Sie etwa drei Minuten lang so.

5. Wenn Sie das Gefühl haben, es genüge jetzt, lösen Sie die Fingerkuppen ganz langsam voneinander und beobachten genau, was geschieht. Vor dem dunklen Hintergrund entsteht nämlich ein hauchzarter, weißlicher Film wie aus Fäden, die sich von Fin-

ger zu Finger ziehen. Das ist die Astralsubstanz, welche die beiden Finger, die eben noch beieinander lagen, verbindet.

6. Wenn Sie die Astralsubstanz sehen können, probieren Sie aus, wie weit Sie die Finger voneinander entfernen können, ohne dass der zarte Film verschwindet. Können Sie sie nicht sehen, versuchen Sie es erneut. Atmen Sie tiefer, erhöhen Sie den Druck an den Fingerkuppen, warten Sie ein bisschen länger, bevor Sie die Finger voneinander lösen. Achten Sie darauf, die Augen nicht zu verkrampfen. Halten Sie den Blick offen und nicht allzu stark konzentriert, wenn Sie die Astralsubstanz sehen wollen.

Das erste Spiel beenden

1. Wenn Sie aufhören wollen, müssen Sie die Astralsubstanz in sich zurücknehmen. Auch wenn Sie gar nichts gesehen haben, ist vermutlich Astralsubstanz an den Fingerkuppen ausgetreten. Möglicherweise haben Sie sie nur deshalb nicht gesehen, weil Ihr ätherisches Sehen noch unentwickelt ist. Dies ist die Fähigkeit, zumindest die erdnäheren Ebenen der Astralsubstanz mit den Augen wahrzunehmen. Praktisch jeder kann sie entwickeln, wenn er sich geduldig ein bisschen übt.

Bringen Sie die Fingerkuppen wieder zusammen, wobei Sie so weiter atmen wie vorher. Atmen Sie ein, und stellen Sie sich vor, wie die ausgetretene Astralsubstanz mit dem Atem wieder zu Ihnen zurückkehrt.

2. Tun Sie dies fünf- oder sechsmal. Nehmen Sie dann die Finger auseinander und sehen Sie sie wieder an. Jetzt sollten Sie nichts mehr sehen. Wenn Sie das Gefühl haben, es sei nötig, wiederholen Sie diese Übung.

3. Am Ende reiben Sie sich die Hände, als würden Sie Bodylotion darauf verteilen.

4. Führen Sie die *Grundtechnik* aus. Damit können Sie die Übung sinnvoll abschließen.

Die Wiederholung

Wenn Sie diese Übung so oft als möglich wiederholen, sollten Sie bald in der Lage sein, den zarten Astralfilm deutlich zu sehen. Dies liegt einerseits daran, dass Sie Ihre ätherische Wahrnehmung langsam verfeinern, andererseits steigern Sie durch dieses einfache Mittel auch das Energieniveau der Astralsubstanz in Ihrem Körper.

Die Lichtkugel bilden

Auch der nächste Schritt macht Spaß. Sie lernen dabei einiges über astrale Magie, weil Sie ein paar höchst magische Aktionen vollführen.

1. Ziehen Sie den *doppelten Schutzkreis*.

2. Führen Sie die *Grundtechnik* aus.

3. Setzen Sie sich bei sanftem Licht ohne Schuhe vor eine dunkle Fläche. Atmen Sie tief ein und aus, als würden Sie schlafen.

4. Heben Sie die Hände in Augenhöhe, sodass sie sich deutlich vor dem dunklen Hintergrund abzeichnen. Dieses Mal allerdings legen Sie die Handflächen auch aneinander, und zwar so, *dass die vier Finger der rechten Hand sich zwischen Daumen und Zeigefinger der linken befinden. Der rechte Daumen ragt über den linken hinaus.* Die Hände sind leicht abgewinkelt, bilden also keinen perfekten rechten Winkel zueinander.

Legen Sie die Finger nicht über die Hand. Sie dürfen den Rücken der anderen Hand nicht berühren. Dies fördert den Energiefluss ebenso wie lockere Kleidung oder das Ablegen der Schuhe. Ihre Energie, Ihr Blut und Ihre Astralsubstanz sollen ungehindert zirkulieren können.

5. Drücken Sie die Handflächen fest aneinander und bleiben Sie einige Zeit lang so (etwa drei Minuten). Achten Sie darauf, wie die Astralsubstanz in der Mitte der Handfläche fließt. Dort ist ein wichtiger Kommunikationspunkt zwischen Ihrem astralen und Ihrem physischen Körper.

6. Die Schwingungen der rechten und linken Hand unterscheiden sich. Die Astralsubstanz jeder Hand wird dadurch wechselseitig aufgeladen. Wenn Sie die Hände vorsichtig auseinander ziehen, werden Sie einen blassen Fleck zwischen den Handflächen sehen. Öffnen Sie die Hände noch weiter, und halten Sie den Blick locker auf die bleiche Substanz gerichtet, die vermutlich langsam dichter wird. Höchstwahrscheinlich hat sie einen wärmeren Farbton als die strahlende Substanz, die Sie vorher an Ihren Fingerspitzen wahrgenommen haben.

7. Blicken Sie weiter auf den Fleck und formen Sie ihn mit Ihrem Willen zu einer vollkommenen Kugel. Dabei öffnen Sie Ihre Handflächen noch ein bisschen weiter. Vor dem schwarzen Hintergrund, den Sie durch die Öffnung hindurch sehen, erscheint die Astralsubstanz als einfache, aber vollkommene Kugel.

Zu Befehl

Dieser Ball gehorcht ganz Ihren Befehlen. Üben Sie, ihn ruhig nach Ihren Vorstellungen zu bewegen. Schicken Sie ihn 15 Zentimeter nach oben, um ihn dann wieder in seine ursprüngliche Stellung zurückzuholen.

Vielleicht müssen Sie zu Anfang noch »in Worten denken«: »Geh nach oben, nach oben!« Mit der Zeit jedoch wird der Ball einfach auf Ihren Willen reagieren, so selbstverständlich wie Ihre Hand es tut, wenn Sie sie zu heben beabsichtigen.

Denken Sie immer daran: Der Ball besteht aus Ihrer Astralsubstanz!

Er ist nicht von Ihnen getrennt.

Wenn Sie ihn nach oben geschickt haben, richten Sie Ihren Blick einen Moment lang auf den Raum zwischen dem Ball und Ihren Händen. Ist Ihr ätherisches Sehen schon ausreichend entwickelt, werden Sie die feinen Fäden wahrnehmen, die den Ball mit Ihren Handflächen verbinden.

Schicken Sie ihn etwa 25 Zentimeter nach oben und holen Sie ihn dann zurück. Im nächsten Zug lassen Sie ihn einen halben oder ganzen Meter nach oben wandern. Holen Sie ihn immer zurück – anfangs in seine Ausgangsposition zwischen Ihren Handflächen. Später »fangen« Sie ihn mit den Fingerspitzen der einen oder anderen Hand auf. Lassen Sie ihn danach von den Fingerspitzen in die gewölbte Handinnenfläche rollen, wo er zur Ruhe kommen darf.

Langsamer Fortschritt

Gleichgültig wie gut Sie diese Übung beherrschen, gehen Sie bei den einzelnen Sitzungen nicht zu weit. Gehen Sie Schritt für Schritt vor. Zuerst lernen Sie, den Ball in die eine oder andere Hand wandern zu lassen, sobald Sie Ihren Wunsch formuliert haben. Schicken Sie ihn mit Ihrem Willen an die Decke oder in eine andere Richtung. Holen Sie ihn zurück. Wenn Sie aufmerksam und konzentriert bleiben, wird sich mit zunehmender Übung die Zeit, die Sie dafür brauchen, erheblich verkürzen. Am Ende lassen Sie den Ball leuchten.

Während jeder Sitzung atmen Sie, als würden Sie tief und fest schlafen. Nutzen Sie auch die Signale an das Selbst, um diesen meditativen Zustand herbeizuführen.

Denken Sie immer daran, den Ball sofort zu sich zurückzuholen, wenn Sie ihn weggeschickt haben.

Die Sitzung beenden

1. Lassen Sie den Ball in seine Ausgangsposition zwischen Ihren Handflächen zurückkehren.

2. Wenn Sie ihn mit Licht oder einer anderen Energie aufgeladen haben, versuchen Sie, dies wahrzunehmen. Dann befreien Sie ihn von dieser Ladung, bis er wieder sein schwach leuchtendes, kühles und unbeeinflusstes Aussehen annimmt.

3. Nun schließen Sie langsam die Hände über der Kugel. Sie legen die Finger dabei so aneinander wie zu Beginn, als Sie sie erzeugt haben. Nehmen Sie sie bewusst in sich auf, indem Sie einige Male tief einatmen.

4. Nun reiben Sie sich wieder die Hände, als würden Sie Bodylotion darauf verteilen.

5. Am Ende führen Sie die *Grundtechnik* aus.

Die Lichtschnur

Der lebendigste und erstaunlichste Bestandteil der Lichtkugel ist etwas, was auf den ersten Blick kaum auffällt: die Fäden bzw. die Schnur, die ihn mit unserem Astralkörper verbindet.

Wie wir bereits sehen konnten, entsteht aus jeder Hand ein Faden, wenn der Lichtball sich bildet. Nutzen Sie abwechselnd die Energie der rechten und der linken Hand, sind beide Fäden aktiv. Dies ist häufig bei Heilzeremonien der Fall, wenn man mit der einen Hand etwas wegnimmt oder verscheucht, was den Heilprozess behindert, und mit der anderen dem Kranken Energie übermittelt, damit er gegen den Kräfteverlust bzw. den Schock ankämpfen kann und sich schneller erholt.

So betrachtet ist der Ball nichts weiter als eine Verlängerung Ihrer Hand. Mit ihm geben Sie die heilende Energie Ihrer Hände weiter, mit dem einen Unterschied, dass der Ball auch größere Distanzen überwinden kann.

Wenn Sie den Ball weiter weg schicken oder einen Befehl erteilen, der nicht nur die Kraft der beiden Hände, sondern ihr ganzes Selbst mit einbezieht, werden Sie vermutlich feststellen, dass der Lichtball nur noch an einer Schnur hängt, die mit Ihrer energiereicheren Hand oder Ihrem Solarplexus verbunden ist. Das sollte Sie nicht weiter kümmern. Die Schnur erfüllt ihre Funktion, auch wenn Sie gar nichts darüber wissen. Durch Sie bleibt der Ball ein lebendiger Teil Ihres Astralkörpers. (Hätte niemand Sie darauf hingewiesen, hätten Sie die Fäden bzw. die Schnur vermutlich gar nicht bemerkt.)

Sie können den Ball auch durch einen dichten, dornigen Wald senden, ohne dass die Schnur sich irgendwo verheddert. Schließlich besteht sie aus Astralsubstanz. Die Lichtkugel wandert direkt dorthin, wo Sie sie haben wollen. Die Verbindung zu ihr kann niemals unterbrochen werden. Sie können sie zurückholen, wann immer Sie dies möchten.

Weitere Möglichkeiten, die Lichtkugel zu nutzen

Wenn Sie den Lichtball zwischen Ihren Händen geformt haben, halten Sie ihn dort, sehen Sie ihn an und laden Sie ihn auf.

Um den Ball mit einer Botschaft zu versehen, müssen Sie diese Botschaft nur Wort für Wort denken, während Sie gleichzeitig den Ball betrachten.

Astrale Botschaften senden

1. Ziehen Sie den *doppelten Schutzkreis*.

2. Führen Sie die *Grundtechnik* aus.

3. Lassen Sie die *Lichtkugel* entstehen wie oben beschrieben.

4. Sprechen Sie dann mehrmals mit sanfter Stimme Ihre Botschaft.

5. Schließen Sie die Hände über dem Ball, wobei die Fingerspitzen sich sanft berühren.

6. Erheben Sie die Hände, die über der Lichtkugel die Form einer Knospe bilden. Dann öffnen Sie die Knospe, indem Sie zuerst die Fingerkuppen der kleinen Finger auseinander nehmen.

7. Blasen Sie zart auf die Kugel.

8. Denken Sie nun klar an den Menschen, für den diese Botschaft gedacht ist, und lassen Sie den Ball los.

9. Etwa eine Minute später holen Sie den Ball zurück.

10. Führen Sie dann die Schritte aus, die oben unter »Die Sitzung beenden« beschrieben sind.

Mittlerweile sollten Sie in der Lage sein, die Lichtkugel, wenn auch nur schwach, bei Tageslicht zu sehen. Andere Menschen sehen sie allerdings nicht, wenn sie nicht gerade übersinnlich begabt sind oder sehr genau aufpassen.

Mittlerweile sind Sie vermutlich fähig, die Strahlkraft der Kugel ohne Worte zu steigern, wenn Sie sie in den Händen halten oder etwa 30 Zentimeter darüber schweben lassen. Ihr Astralkörper ist eine Quelle des Lichts. Sie müssen einfach nur ein wenig davon in den Ball wandern lassen. Das ist an sich recht einfach. Wahrscheinlich aber müssen Sie trotzdem üben, weil die Vorstellung für uns so ungewohnt ist.

Die im Folgenden beschriebene Technik wird angewendet, wenn wir einem anderen Menschen Segenswünsche schicken wollen. Dann vereint sich das Licht der Kugel mit dem Strahlen unseres Segens.

Wenn wir mit dem Ball positive Energie schicken, macht sich dies beim Adressaten als Inspiration und gesteigertes Wohlbefinden bemerkbar. Dies kann beim Empfänger allerlei heilsame Entwicklungen anstoßen.

Das Aussenden von positiven Wünschen funktioniert so:

Segenswünsche schicken

1. Ziehen Sie den *doppelten Schutzkreis*.

2. Führen Sie die *Grundtechnik* aus.

3. Lassen Sie die *Lichtkugel* entstehen wie oben beschrieben.

4. Sprechen Sie einmal mit sanfter Stimme Ihre Segenswünsche. Lassen Sie den Ball dann lichter werden.

5. Schließen Sie die Hände über dem Ball, wobei die Fingerspitzen sich sanft berühren.

6. Erheben Sie die Hände und nehmen Sie die Fingerkuppen der kleinen Finger auseinander.

7. Blasen Sie zart auf die Kugel.

8. Denken Sie nun klar an den Menschen, für den diese Segenswünsche gedacht sind, an seine Lebensumstände und Bedürfnisse – und schicken Sie den Ball los.

9. Etwa fünf Minuten später holen Sie den Ball zurück.

10. Führen Sie dann die Schritte aus, die oben unter »Die Sitzung beenden« beschrieben sind.

Eine Vorsichtsmaßnahme sollten Sie allerdings beachten: Wenn Sie den Ball mit irgendetwas aufgeladen haben, sollten Sie die Substanz, bevor Sie sie in den eigenen Körper zurückholen, zuerst wieder in ihren Normalzustand zurückbringen. Dabei kann die Ladung aufgebraucht sein oder nicht.

Obwohl Sie all diese Elemente selbst hervorgebracht haben, kann es Ihr System verwirren, wenn sie zu konzentriert zu Ihnen zurückkehren. Und es kann auf keinen Fall schaden, alles ordentlich zu machen.

Die Lichtkugel während der außerkörperlichen Erfahrung

Wie ich bereits erwähnt habe, bleibt die Lichtkugel durch die Lichtschnur mit dem Astralkörper verbunden.

Das lässt einen interessanten Schluss zu: Wenn Sie mithilfe der Astralsubstanz außerhalb Ihres Körpers reisen, können Sie den Lichtball verwenden, wie Sie es gewohnt sind.

Laden Sie ihn mit Energie auf und senden Sie ihn als astrale »Grußkarte« an Wesen auf dieser Ebene.

Bleibt nur noch eine Frage: Wenn Sie Ihr Bewusstsein in diese kleinen Bälle transferieren können, könnten Sie dann damit auch Astralreisen machen?

Ja. Das geht durchaus. Aber es ist vergleichsweise schwierig, weil Sie einen Körper in diesem Format nicht gewohnt sind. So könnten Sie zum Beispiel sehen, hören, riechen oder fühlen, jedoch ohne die Richtungssignale, die Sie von Ihren Augen, Ohren und so weiter erhalten. Für diese Art der Reise sollten Sie also ein bisschen Erfahrung besitzen.

7

Die Kommunikationskanäle öffnen

Für die Astralarbeit ist die obere Bauchregion, das heißt der Solarplexus, von entscheidender Bedeutung. Von dort aus senden wir Astralsubstanz aus und formen daraus ein *simulacrum* – ein astrales Ebenbild unseres Selbst. Diese Figur kann natürlich auch eine andere Gestalt annehmen, eine Kugel zum Beispiel oder die klassische Mystikerfigur im Kapuzenmantel. Wenn die Figur bzw. unser Ebenbild dann Informationen zurückbringt, nehmen wir diese mit derselben Körperregion auf, sodass der rationale Teil unseres Bewusstseins sie lesen und deuten kann.

Eine Mahnung

Ihre Experimente mit der Astralsubstanz signalisieren Ihrem Unbewussten, dass Sie die Absicht haben, intensiv mit ihm zu arbeiten. In dieser wechselseitigen Beziehung sind Sie der Seniorpartner. Sie sind verantwortlich für das Lernprogramm und die Fortschritte. Vergessen Sie nicht: Ihr Unbewusstes ist wie ein Kind. Es hat Spaß, wenn Sie gemeinsam etwas unternehmen, und will gelobt werden. Aber es braucht auch klare Grenzen. Dies gilt vor allem für die Arbeit auf der astralen Ebene. Unbedachte Aktivitäten mit dem Astralkörper können nämlich leicht zu »astralen Blutungen« führen, das heißt Sie verlieren Astralsubstanz. Dies wiederum kann zu den bekannten Poltergeist-Erscheinungen führen.

Diese Mahnung ist vor allem bei der im Folgenden beschriebenen Technik zu beachten. Hier geht es darum, aus dem Solarplexus Astralsubstanz austreten zu lassen, diese zu einer Figur zu formen und sie dann auszusenden, um Informationen zu sammeln. Man nennt den Vorgang auch die »Erschaffung des Wächters«. In dieser Übung werden wir nun zum ersten Mal unsere astralen Kräfte bewusst einsetzen, sodass sie als Vorübung für die bewusst unternommene Astralreise gelten kann. Doch auch für sich genommen ist die Übung wertvoll, da wir mit ihrer Hilfe Informationen über große Distanzen einholen können.

Für dieses Experiment muss der richtige Zeitpunkt gewählt werden. Dabei sind zum einen die Mondphasen von Bedeutung. Der Mond steuert nicht nur Ebbe und Flut, sondern auch die Energie auf der Astralebene, die am harmonischsten arbeitet, wenn der Mond zunimmt. Daher führen wir den Vorgang am besten zwischen Neumond und Vollmond aus. Zum anderen muss dabei auch der Sonnenzyklus Berücksichtigung finden, weil die Sonne unser rationales Selbst steuert. Dieser Einfluss ist am schwächsten in der dunklen Zeit des Jahres (auf der Nordhalbkugel vom 21. Dezember bis zum 21. März, auf der Südhalbkugel vom 21. Juni bis 22. September). In dieser Zeit sollten wir die Astralarbeit möglichst unterlassen. Wenn Sie sich an diese beiden Hinweise halten, wird Ihre Astralarbeit immer von lebendiger Energie getragen sein, die Sie mit dem vollen Potenzial Ihres Geistes kontrollieren können.

Den Wächter erschaffen und aussenden

1. Ziehen Sie den *doppelten Schutzkreis*.

2. Führen Sie die *Grundtechnik* aus.

3. Stellen Sie sich vor, wie aus dem Oberbauch Astralsubstanz als silbergrauer Lichtstrom austritt. Lassen Sie sich diesen Lichtstrom etwa 2,50 Meter von Ihrem Körper entfernt als leuchtende Wolke aus silbergrauem Licht sammeln.

4. Nun lassen Sie aus dieser Wolke eine Gestalt mit Umhang und Kapuze entstehen. Eine andere Möglichkeit ist es, das silbergraue Licht zu einer Kugel zu formen. Sie brauchen dazu keine große Menge Astralsubstanz.

5. Wenn die Figur fertig ist, stoppen Sie willentlich den Austritt der Astralsubstanz aus dem Solarplexus. Natürlich bleibt die Figur weiterhin mit Ihnen durch die silberne Schnur verbunden.

6. Nun formulieren Sie im Geist einen Befehl an die Gestalt bzw. Kugel. Sagen Sie ihr beispielsweise, sie solle an einen bestimmten Ort gehen oder eine bestimmte Person aufsuchen. Dann schicken Sie sie bewusst fort. *Während die Gestalt sich von Ihnen entfernt, wird die verbindende Schnur immer dünner. Mitunter ist sie kaum noch sichtbar. Nichtsdestotrotz verbindet Sie sie mit der Wächtergestalt.*

Dies ist der erste Teil der Technik. Lassen Sie nun den Wächter seine Arbeit tun, während Sie warten. Nach etwa 20 Minuten holen Sie die Figur zurück. Das funktioniert wie folgt:

Den Wächter zurückrufen und lesen

1. Wenden Sie sich in die Richtung, in die Sie den Wächter geschickt haben und rufen Sie ihn auf geistiger Ebene zurück. Lassen Sie ihn bis auf etwa 2,50 Meter an sich herankommen. Achten Sie auf die silberne Schnur, über die er mit Ihrem Astralkörper verbunden ist.

2. Lassen Sie nun die Figur oder die Kugel wieder zur silbergrauen Wolke werden und nehmen Sie diese durch die Silberschnur wieder in sich auf. Am Ende absorbieren Sie auch die Silberschnur selbst.

3. Führen Sie die Grundtechnik durch, um Ihr System wieder ins Gleichgewicht zu bringen und die Energie, die Sie in Gang gebracht haben, gleichmäßig zu verteilen.

4. Nun setzen Sie sich bequem hin. Machen Sie Ihren Geist von Gedanken frei und lassen Sie die Eindrücke aufsteigen, die der Wächter mitgebracht hat. *Auf der instinktiven und emotionalen Ebene haben Sie sich die Erfahrungen des Wächters zu Eigen gemacht, indem Sie die Figur in sich aufgenommen haben. Nun steigen sie aus Ihrem Unbewussten auf und treten ins Bewusstsein, wo sie von Ihnen interpretiert werden können. Denken Sie daran: Die Wächterfigur besteht aus Astralsubstanz. Sie war ohne Führung durch Ihr Bewusstsein unterwegs und ist nicht in der Lage, Schlüsse zu ziehen oder rationale Überlegungen anzustellen.*

Den Fluss erleben

Wenn Sie sich mit der grundlegenden Technik des Aussendens der Wächterfigur vertraut gemacht haben, ist es Zeit, sich fortgeschritteneren Methoden zuzuwenden, mit denen Sie Informationen sammeln können. Bisher mussten Sie die Figur immer zurückrufen und wieder in sich aufnehmen, um die Informationen lesen zu können.

Sobald Sie diese Technik gut beherrschen, können Sie versuchen, Informationen aufzunehmen, während die Wächterfigur noch unterwegs ist. Unser Instrument dafür ist die Silberschnur, über die wir ja ständig mit der Wächtergestalt in Verbindung stehen. Über sie kommen Eindrücke und Bilder bei uns an, während der Wächter noch auf Reisen ist. Die Erfahrung, die Sie durch die Interpretationstechnik in der vorherigen Übung gewonnen haben, wird Ihnen dabei helfen, mit dem Wächter Schritt zu halten.

Den aktiven Wächter lesen

1. Ziehen Sie den *doppelten Schutzkreis*.

2. Führen Sie die *Grundtechnik* aus.

3. Lassen Sie den Wächter erstehen wie vorher beschrieben.

4. Formulieren Sie im Geist Ihren Befehl und schicken Sie den Wächter dann zur Erfüllung dieser Aufgabe willentlich auf Reisen.

5. Setzen Sie sich bequem hin. Achten Sie auf einen gleichmäßigen Atemrhythmus.

6. Wenn Sie bereit sind, beschließen Sie, nun die Informationen des Wächters zu empfangen.

7. Lassen Sie alle Eindrücke in Ihr Bewusstsein aufsteigen. Die Interpretation findet in diesem Fall gleichzeitig statt.

8. Am Ende der Sitzung stehen Sie auf und rufen den Wächter aus der Richtung zurück, in die Sie ihn geschickt haben. Lassen Sie ihn auf etwa 2,50 Meter an sich herankommen. Richten Sie Ihr Augenmerk auf die Schnur, die Sie mit ihm verbindet.

9. Lassen Sie den Wächter wieder zur silbergrauen Wolke werden, die Sie über die Silberschnur in sich aufnehmen. Am

Ende verschwindet auch die Silberschnur und geht wieder in Ihren Astralkörper ein.

10. Beschließen Sie die Sitzung mit der *Grundtechnik*.

Wann Ihnen der Wächter nützt

Im Allgemeinen dient die Wächtergestalt – ob Sie sie nun sofort lesen oder erst später – dazu, Informationen über das aufzusammeln, was man mit »irdischen Interessen der Gegenwart« bezeichnen könnte. Anders gesagt: Der Wächter wird an einen Ort oder zu einer Person in der Gegenwart geschickt, um Informationen zu sammeln. Aber natürlich arbeitet diese Figur auf der astralen Ebene, was bedeutet, dass sie die Geschehnisse auf der Erde aus einer anderen Perspektive wahrnimmt, die sowohl räumlich als auch kausal von der materiellen Welt getrennt ist. Daher lässt sich der Aktionsradius des Wächters problemlos auf die höheren Ebenen der Astralwelt ausdehnen: Wir können ihn dazu nutzen, von geistigen Wesen tiefe Einsichten zu erlangen oder Vergangenheit, Gegenwart und Zukunft auf der astralen Ebene zu erkunden.

Bei diesen Unterfangen auf höherer Ebene ist eine eingehende Meditation über die Aufgaben des Wächters und unsere eigene Zielsetzung nötig. Unser Befehl an die Wächtergestalt muss so exakt wie möglich erfolgen. Wir müssen ihm genau sagen, wohin er sich begeben soll, und außerdem Zweck und Ziel seiner Suche angeben.

8

Eintritt ins astrale Licht

Die Experimente, die Sie bisher mit der Astralsubstanz vorgenommen haben, hatten im Wesentlichen zwei Zielsetzungen. Zum einen signalisieren Sie so Ihrer Psyche, dass Sie sie und ihr Potenzial als sehr wichtig ansehen. Auf diese Weise reagiert sie bereitwillig, wenn Sie sich mit ihren astralen Kräften beschäftigen. Zum anderen aber verfügen Sie mittlerweile über persönliche Erfahrung mit der Astralsubstanz. Sie können sie aussenden, ihr verschiedene Aufgaben stellen und sie wieder zurückholen.

So entwickeln Sie eine enge Vertrauensbeziehung in der Zusammenarbeit zwischen Ihrem physischen Alltagsselbst und Ihrem Astralkörper. Dies aber ist die Grundlage für erfolgreiche außerkörperliche Erfahrungen.

Der nächste Schritt, der nun ansteht, ist der Eintritt in die Astraldimension.

Die Astralprojektion

An dieser Stelle möchte ich Sie mit vier verschiedenen Methoden bekannt machen, wie Sie bewusst und willentlich eine außerkörperliche Erfahrung herbeiführen können. Vermutlich werden Sie mit einer Methode besser zurechtkommen als mit den anderen und sie daher am häufigsten einsetzen. Vielleicht möchten Sie aber auch alle Techniken abwechselnd üben und sie dann immer zu bestimmten Gelegenheiten einsetzen.

Allen Methoden geht das *Ziehen des doppelten Schutzkreises* voraus, danach wird die Grundtechnik ausgeführt, in diesem Fall im Liegen. Sie liegen unbekleidet am Boden und führen die von Ihnen gewählte Form der Astralprojektion durch.

Bitte beachten Sie auch hier, was Sie über Mond- und Sonnenzyklen bei der Aussendung des Wächters gelesen haben.

Die Astralprojektion – Methode 1

Zum Astralbild werden

1. Ziehen Sie den *doppelten Schutzkreis*.

2. Führen Sie die *Grundtechnik* aus.

3. Nun tun Sie geistig Ihre Absicht kund, eine Astralreise zu machen. Nutzen Sie dazu eine Affirmation wie: »Ich werde jetzt bei vollem Bewusstsein in die Astralwelt reisen.«

4. Richten Sie Ihr Augenmerk auf die goldene Aura, die Ihren physischen Körper umgibt. Dann visualisieren Sie sich selbst: Ein Ebenbild Ihres physischen Körpers aus silbergrauem Licht umgibt sie wie eine zweite Haut.

5. Konzentrieren Sie sich nun auf diese Hülle aus Astrallicht, die Sie umgibt. Nehmen Sie die silbergraue Form ebenso wahr wie die goldene Aura.

6. Nun lassen Sie Ihr Bewusstsein auf Ihr astrales Ebenbild übergehen. Sie sind sich Ihrer Körperempfindungen immer weniger bewusst, dafür spüren Sie die silbergraue Form und die goldene Aura viel stärker.

7. Nun stellen Sie sich vor, wie Sie mithilfe Ihres silbergrauen Lichtkörpers aufstehen und einen Schritt vortreten.

Wenn Sie sich auf diese Weise erhoben haben, werden Sie einen leichten Sog nach vorne und oben spüren. Ihr Bewusstsein wird vom physischen Körper getrennt. Die außerkörperliche Erfahrung setzt ein. Stattdessen spüren Sie Ihr astrales Ebenbild, die silbergraue Form, die als Ihr Lichtkörper fungiert. Die goldene Aura hingegen verbleibt beim physischen Körper.

8. Wenn Sie diesen Schritt erst einmal vollzogen haben, müssen Sie das astrale Ebenbild künftig nicht mehr visualisieren. Sie können die Erfahrung verstärken, sich auf einzelne Details konzentrieren, indem Sie eine willentliche Entscheidung treffen. So kann es beispielsweise vorkommen, dass Ihre Gliedmaßen nicht so fein ausgebildet sind, wie Sie das gerne hätten. Doch dies klärt sich im Laufe der Zeit, wenn Sie lernen, Ihren Lichtkörper noch vor der Projektion stärker zu empfinden. Vielleicht hätten Sie auch gerne ein passendes Gewand für Ihre astralen Abenteuer. In diesem Fall müssen Sie sich einfach nur vorstellen, Sie trügen die entsprechenden Kleidungsstücke. Anfangs werden Sie merken, dass Sie ein bisschen Übung brauchen, um das Bild ganz auf Ihre Bedürfnisse abzustimmen, aber das wird bald kein Problem mehr sein.

Die Astralprojektion – Methode 2

Perspektivenwechsel

1. Ziehen Sie den *doppelten Schutzkreis.*

2. Führen Sie im Liegen die *Grundtechnik* aus.

3. Nun tun Sie geistig Ihre Absicht kund, eine Astralreise zu machen. Nutzen Sie dazu eine Affirmation wie: »Ich werde jetzt bei vollem Bewusstsein in die Astralwelt reisen.«

4. Richten Sie Ihr Augenmerk auf die goldene Aura, die Ihren physischen Körper umgibt. Stärken Sie Ihre Bewusstheit des physischen Körpers, indem Sie sich darauf konzentrieren.

5. In diesem meditativen Zustand bleiben Sie einige Minuten lang.

6. Nun senden Sie Ihr Bewusstsein zu einem Punkt außerhalb Ihres Körpers. Lassen Sie es beispielsweise etwa 2,50 Meter über Ihrem physischen Körper schweben, diesem zugewandt. Dann stellen Sie sich vor, wie Ihr astrales Ebenbild entsteht, und zwar rund um Ihr Bewusstsein. Am Ende befindet sich das Bewusstsein im Lichtkörper und sieht auf den physischen Körper herab.

Die Astralprojektion – Methode 3

Hinübergehen

1. Ziehen Sie den *doppelten Schutzkreis*.

2. Führen Sie die *Grundtechnik* aus.

3. Aus Ihrem Oberbauch tritt nun Astralsubstanz als silbergrauer Lichtstrom aus. Schicken Sie ihn auf eine Distanz von etwa 2,50 Metern, wo er eine strahlend silbergraue Wolke bildet.

4. Nun lassen Sie aus dieser Wolke eine Figur mit Umhang und Kapuze entstehen – alles aus silbergrauem Licht. *Wie bei der Schaffung des Wächters ist es auch hier nicht nötig, zu viel Astralsubstanz austreten zu lassen.*

5. Wenn die Figur fertig ist, bringen Sie das Austreten der Astralsubstanz willentlich zum Stillstand.

6. Betrachten Sie die silbergraue Figur über Ihnen, die über eine Silberschnur mit dem Oberbauch verbunden ist. *Die Schnur ist am einen Ende mit dem Oberbauch des Lichtkörpers verbunden, am anderen Ende mit Ihrem physischen Solarplexus.*

7. Halten Sie die Visualisierung dieser Figur aufrecht, während Sie Ihre Aufmerksamkeit auf den Bewusstseinspunkt richten, den Punkt, an dem Sie Ihr denkendes Ich einordnen. Bei den meisten Menschen ist dies die Stirn. Konzentrieren Sie sich auf diesen Punkt. Schon spüren Sie ein Gefühl der Wärme und Vitalität in Ihrem ganzen Körper. Schließlich richten Sie Ihr Bewusstsein auf denselben Punkt im Lichtkörper.

8. Nun senden Sie Ihr Bewusstsein in diese Figur über Ihnen.

9. Gleich danach stellen Sie sich vor, wie die am Bewusstseinspunkt gesammelte Energie, Ihr aktives Selbst sanft nach oben in die Figur gleitet und dort am selben Punkt eintritt.

10. Nun nehmen Sie die Perspektive der astralen Figur ein. Sie drehen sich um und sehen Ihren physischen Körper unter sich liegen.

11. Fühlen Sie sich in den Lichtkörper ein. Spüren Sie die astrale Gestalt, die Hände und Füße Ihrer neuen Hülle aus Licht.

Die Astralprojektion – Methode 4

Schnelles Drehen

1. Ziehen Sie den *doppelten Schutzkreis*.

2. Führen Sie die *Grundtechnik* aus.

3. Nun tun Sie geistig Ihre Absicht kund, eine Astralreise zu machen. Nutzen Sie dazu eine Affirmation wie: »Ich werde jetzt bei vollem Bewusstsein in die Astralwelt reisen.«

4. Richten Sie Ihr Augenmerk auf die goldene Aura, die Ihren physischen Körper umgibt. Dann stellen Sie sich vor, wie um Sie herum ein Ebenbild Ihrer selbst aus silbergrauem Licht entsteht.

5. Konzentrieren Sie sich nun auf diese Hülle aus Astrallicht, die Sie umgibt. Nehmen Sie die silbergraue Form ebenso wahr wie die goldene Aura.

6. Nun lassen Sie Ihr Bewusstsein auf Ihr astrales Ebenbild übergehen. Sie sind sich Ihrer Körperempfindungen immer weniger bewusst, dafür spüren Sie die silbergraue Form und die goldene Aura.

7. Nun stellen Sie sich vor, wie Ihr Lichtkörper, mit dem Ihr Bewusstsein sich nun identifiziert, sich innerhalb Ihres physischen Körpers um sich selbst dreht – langsam zuerst und dann immer schneller.

8. Der Schwung nimmt zu und vermindert die Haftung Ihrer astralen Hülle am physischen Körper. Wenn Sie eine gewisse Geschwindigkeit erreicht haben, stellen Sie sich vor, wie der Schwung Sie aus Ihrem physischen Körper trägt und Sie im Lichtkörper über der physischen Hülle schweben.

9. Lassen Sie dann die Umdrehungen des Lichtkörpers zum Ende kommen. Ruhen Sie sich aus, während Sie über dem physischen Leib schweben und auf ihn hinabblicken. Orientieren Sie sich im Raum und verstärken Sie Ihre Bewusstheit des Astralkörpers.

Erfolg

Bei jeder der hier vorgestellten Methoden zur Astralprojektion kann der Erfolg bei der Übertragung des Bewusstseins in den Astralkörper von einem Laut begleitet sein, der gewöhnlich als »metallisches Klicken« beschrieben wird. Dieser Laut tritt nicht immer auf. Manchmal wird er nur bei der ersten erfolgreichen außerkörperlichen Erfahrung hörbar.

Einige Menschen hingegen vernehmen das Klicken, wenn sie wieder in ihren Körper zurückwandern.

Ihre Anstrengungen können schon beim ersten Versuch von Erfolg gekrönt sein. Es mag Ihnen aber auch einiges an Übung und Training abverlangen, die ganze Freiheit der Astralwelt genießen zu können.

Gelingt es Ihnen, Ihr Bewusstsein in die Astralwelt zu schicken, finden Sie sich in einer Welt wieder, in der es scheinbar keine Lichtquelle gibt. Alles wird von einem blassblauen Schimmer erhellt. Sie werden Ihren Körper liegen sehen und den Raum wahrnehmen, in dem Ihre astralen Experimente stattfinden.

Eine andere Perspektive

Wenn Sie zum ersten Mal eine außerkörperliche Erfahrung machen, können Sie damit zufrieden sein, wenn Sie die astrale Stufe erreichen. Widerstehen Sie der Versuchung, einen Freund zu besuchen oder irgendwohin zu reisen, wo Sie von Ihrem physischen Körper weit entfernt sind. Das Abenteuer ist auch so schon aufregend genug. Sie sollten es nicht noch verkomplizieren.

Was Sie allerdings mit Fug und Recht erwarten dürfen, ist eine komplette Veränderung Ihrer Einstellung zum Leben. Schließlich wurde Ihr Verhältnis zu Geist und Körper gerade radikal transformiert. Sie haben soeben erfahren, dass Ihr Geist keineswegs an Ihren Körper gebunden ist. Sie haben erlebt, dass Sie viel mehr sind, als Sie bisher glaubten. Ihr Geist ist in der

Lage, auch ohne Ihren Körper zu überleben. Gleichzeitig fühlen Sie eine neue Verantwortung Ihrem Körper gegenüber, eine Art liebender Zuneigung, weil er während dieser Inkarnation Ihr Heim ist, Ihr erstes und wesentliches Ausdrucksmittel.

All dies müssen Sie erst verarbeiten, daher sollten Sie beim ersten Mal die Szene, die Sie vorfinden, nur passiv betrachten und dann in Ihren Körper zurückkehren.

Astralsubstanz und Silberschnur

Wenn Sie dann später mehr Erfahrungen machen, kann es vorkommen, dass Sie, um weiter weg reisen zu können, ein wenig Astralsubstanz an die instinktiven und emotionalen Bereiche Ihres Systems zurückgeben müssen. Dies wird wieder durch einen simplen Willensakt bewerkstelligt. Beschließen Sie einfach, überschüssige Astralsubstanz an Ihren Astralkörper zurückzugeben, der ja beim physischen Körper verbleibt.

Sobald Sie ein gutes Gespür für die Astralprojektion haben, werden Sie ganz von selbst »mit leichtem Gepäck reisen«, wie dies in Kapitel 1 empfohlen wird. Anders ausgedrückt: Sie werden ganz automatisch die für eine bestimmte Art der Reise richtige Menge an Astralsubstanz bereitstellen. Trotzdem kann es auch da noch geschehen, dass Sie einen Teil der Substanz zum Körper zurücksenden müssen. Dies kann zum Beispiel nötig sein, wenn Sie Zeitreisen machen oder in höhere, feinere Bereiche der Astralwelt vordringen wollen.

Normalerweise sehen Sie die Silberschnur, die Sie mit Ihrem Körper verbindet, klar und deutlich. Reisen Sie jedoch sehr weit weg, dann wird die Schnur immer dünner, bis sie schließlich ganz verschwindet. Das aber bedeutet nicht, dass dieser lebenswichtige Draht zu Ihrem physischen Körper nun nicht mehr existiert. Die Verbindung kann nicht unterbrochen oder ganz beendet werden. Auch wenn Sie die Schnur nicht sehen können, arbeitet sie.

In den physischen Körper zurückkehren

Wenn Sie auf der Astralebene in Ihrem Lichtkörper reisen, sollten Sie Ihrem physischen Körper nicht zu nahe kommen, wenn Sie noch nicht zurückkehren wollen. Denn gewöhnlich übt er auf den Lichtkörper einen starken Sog aus, der den Reisenden in die materielle Welt zurückzieht. Diese unfreiwiligen Rückreisen kommen vor allem bei unwillkürlichen Astralreisen vor.

Haben Sie Ihren Ausflug in die Astralwelt beendet und möchten in Ihren physischen Körper zurückkehren, gehen Sie bitte wie folgt vor:

Die Rückkehr

1. Positionieren Sie sich mit dem Lichtkörper etwa 2,50 Meter über Ihrem physischen Körper. Blicken Sie zu Ihrer leiblichen Hülle nach unten.

2. Dann beschließen Sie willentlich, nun langsam in Ihren Körper zurückzukehren. Wenn Sie dies tun, schwingen sich die einzelnen Ebenen automatisch aufeinander ein. Sie kehren im Wachzustand in die materielle Welt zurück.

3. Führen Sie nun die Grundtechnik aus, um die psychischen Energien wieder gleichmäßig zu verteilen und die Ebenen aufeinander abzustimmen.

Nur für den Fall …

Wenn Sie für den Übergang in die astrale Welt Methode 3 gewählt und für die Bewusstseinsübertragung eine astrale Figur geschaffen haben, jedoch eingeschlafen sind, bevor der Prozess abgeschlossen war, müssen Sie die Astralfigur zurückholen, wenn Sie wieder erwacht sind. Das geht so:

Das Wiederaufnehmen der Astralsubstanz nach dem Einschlafen

1. Lassen Sie die Figur wieder zu einer silbergrauen Wolke werden. Nehmen Sie diese durch die Silberschnur in sich auf.

2. Ziehen Sie dann die Silberschnur in Ihren Körper zurück.

3. Am Ende beschließen Sie die Übung mit der *Grundtechnik*.

Haben Sie für Ihren Übergang in die Astralwelt Methode 1, 2 oder 4 gewählt und sind eingeschlafen, dann beenden Sie die Reise nach dem Erwachen wie folgt:

Führen Sie die *Grundtechnik* aus, um die Ebenen aufeinander abzustimmen und die psychischen Energien gleichmäßig zu verteilen.

Dieser Vorgang ist wirklich wichtig. Achten Sie immer darauf, Ihre Energien zu sich zurückzuholen, damit Sie allein die Kontrolle darüber behalten. Halten Sie sich bitte an die hier aufgestellten Regeln, die astrale Ebene Ihres Seins wird es Ihnen danken.

9

Astralreisende und die Bewohner der Astralebene

Von Zeit zu Zeit werden Sie ganz sicher auch auf andere Astralreisende treffen. Einige von ihnen bemerken Sie vermutlich gar nicht, weil sie so sehr mit sich selbst beschäftigt sind. Manchmal nehmen diese Reisenden nicht einmal ihre Umgebung wahr. Schließlich sind die Umstände einer Astralprojektion nicht immer gleich. Viele finden vollkommen unbewusst statt. Lassen Sie diese Wesen einfach in Ruhe. Im Alltagsleben würden Sie jemanden, der leeren Blickes in Selbstgespräche verwickelt neben Ihnen in der U-Bahn sitzt, ja auch nicht ansprechen.

Manchmal handelt es sich nicht ausschließlich um solche »Alleinunterhalter«. So kann jemand, der sich konzentriert auf ein schwieriges, beispielsweise berufliches Gespräch vorbereitet, ohne es zu merken in eine leichte Trance geraten und auf die Astralebene übergehen. Kein lauter Knall, keine geheimnisvolle Stimme setzt ihn davon in Kenntnis. Auch abends beim Einschlafen gerät man manchmal in eine Art Halbschlaf, wenn man über bestimmte Probleme nachdenkt oder ein für den nächsten Tag geplantes Gespräch vorwegnimmt.

Dann kann Folgendes geschehen: Entweder wird der Gesprächspartner am nächsten Tag Wort für Wort wiederholen, was wir ihm am Abend zuvor in den Mund gelegt haben – was sowohl gut als auch schlecht sein kann. Oder er wird – von einer mysteriösen Ahnung vorgewarnt – das entsprechende Thema überhaupt nicht anschneiden.

Und es gibt noch andere Formen der unwillkürlichen Astralprojektion. So kann es geschehen, dass Sie auf eine nackte Gestalt treffen, die beiderlei Geschlechts sein kann, aber gewöhnlich einem bzw. einer Jugendlichen gehört. Diese Figuren halten dann plötzlich in ihrer Wanderung inne, sehen an sich herab, stoßen einen Schrei aus und verschwinden. Machen Sie sich keine Gedanken: So ein Mensch ist auf der irdischen Ebene gerade aus einem seltsamen Traum erwacht. Meist lernen die Reisenden jedoch bald, ihren Astralkörper zu bekleiden.

Einsteiger und andere Wesen in Erdnähe

Andere Astralreisende trifft man gewöhnlich nur in Erdnähe. Je geschickter Sie selbst Ihre Fähigkeiten einsetzen können, umso weniger werden ihnen begegnen. Denn auch wenn Sie – aus welchen Gründen auch immer – weiterhin in Erdnähe reisen möchten, gibt es da einen Unterschied in der »Schwingung«, den Sie sehr bald spüren werden. Ihre geschärfte Aufmerksamkeit wird Sie außerdem künftig unmittelbar an den beabsichtigten Ort bringen.

Vielleicht lieben Sie ja unberührte Landschaften und möchten endlich einmal in den Anden klettern gehen, ohne dass etwas passieren kann. Oder gefahrlos durch den Dschungel wandern und frei durch die Tiefen des Ozeans gleiten. Vielleicht sind Sie ja auch im wirklichen Leben eine Entdeckernatur, wollen aber eine bestimmte Höhle oder eine verlassene Fabrik zuerst einmal mit dem Lichtkörper erkunden.

On the astral road

Es ist gut möglich, dass Sie auf der Astralebene (sei es in Erdnähe oder anderswo) verwandte Seelen treffen. Mit diesen können Sie Erfahrungen, Ansichten und Meinungen austauschen, wie man es mit Mitreisenden tut. Hören Sie ihnen gut zu und lernen Sie von ihnen. Jede Erfahrung kann für Sie wertvoll sein. Natürlich gilt das auch umgekehrt. Lassen Sie sich nicht zu leicht beeindrucken. Benutzen Sie, wie auf der physischen Ebene, Ihren gesunden Menschenverstand und Ihre Urteilskraft.

Obwohl Ihre Wahrnehmungen auf der astralen Ebene ungewöhnlich klar sind, kann es vorkommen, dass Ihr Denken Ihnen ein wenig langsamer erscheint. Das liegt daran, dass der Zugriff auf die in Ihrem Gehirn gespeicherten Daten anfangs nicht ganz so schnell funktioniert. Mit der Zeit werden Sie mehr Informationen abrufen können. Dasselbe gilt natürlich für andere Astralreisende. Auch hinter ihren Äußerungen steckt vielleicht weniger Weisheit, als sie das gerne hätten.

Reden Menschen überhaupt auf der Astralebene? Gehen Sie? Ja, das tun sie – mit einer Besonderheit: Es gibt keine Sprachbarrieren, und man geht buchstäblich auf dem Nichts. Tatsache ist, dass in der Astralwelt vieles anders läuft, aber bis Sie dort erst richtig zu Hause sind, ist es das Einfachste, Sie handeln, als hätten Sie Ihren physischen Körper zur Verfügung.

Geistige Lehrer jeder Tradition

Auf der Astralebene sind die Unterschiede zwischen den Wesen mindestens genauso groß wie auf der Erde. Daher ist der Gedankenaustausch für den Reisenden mitunter recht wertvoll. Bei der Beziehung zwischen Lehrer und Schüler allerdings sollte man Vorsicht walten lassen, vor allem wenn Sie der Lernende sind.

Viele Menschen hegen den Traum, Ihren Körper zu verlassen und zu irgendeiner höheren Ebene vorzudringen, um dort Unterweisungen von einem Lehrer, Guru oder weisen Meister zu empfangen. Das kommt natürlich vor. Wenn es geschieht, verändert sich das Leben des Betroffenen meist gründlich.

Es gibt jedoch viele Gründe, weshalb eine Erfahrung dieser Art auch nichts weiter als Illusion sein kann. Möglicherweise ist die Ebene, auf der Sie sich bewegen, nicht so hoch, wie Sie glauben. Auf jeden echten Meister, den man in den höheren Regionen trifft, kommen Hunderte, die gerne ein solcher wären.

Natürlich sind nicht alle Wesen, die ihr Streben nach Macht und Bewunderung noch nicht abgelegt haben, gleich finstere Gestalten, die uns nur manipulieren wollen. Manche sind eigentlich ganz menschlich, und wenn man sie erst einmal durchschaut hat, erscheinen sie eher bemitleidenswert. Doch letztlich können solche Individuen Sie nichts lehren, was Sie wirklich dauerhaft in Ihrem Herzen bewahren müssten.

Andererseits eignet sich auch nicht jeder echte Meister zu Ihrem ganz persönlichen Lehrer.

Wie finden Sie dann heraus, wem Sie vertrauen können?

Solange Sie auf der Astralebene noch nicht völlig zu Hause sind und all Ihre Fähigkeiten bewusst steuern können, so als wären Sie noch in Ihrem physischen Körper, gibt es ohnehin nur eine Möglichkeit.

Denken Sie im stillen Kämmerchen nach!

Genießen Sie es, Unterweisungen zu empfangen und neue Perspektiven kennen zu lernen. Versprechen Sie nichts. Nehmen Sie keine inneren Verpflichtungen auf sich. Ein echter Lehrer verlangt von Ihnen nicht, sich sofort zu entscheiden. Prägen Sie sich vielmehr alles, was Sie sehen und hören, genauestens ein.

Später, wenn Sie wieder in Ihrem Körper zurück sind, sollten Sie, sobald Sie etwas Ruhe haben, sich nochmals hinsetzen und über das Gelernte nachdenken.

Dafür gibt es gute Gründe. Wenn Sie feststellen, dass Sie Unterweisungen erhalten haben, die in diesem Moment Ihres Lebens genau zu dem passen, was Sie in spiritueller oder materieller Hinsicht erreichen wollen, dann müssen Sie die Lehren ohnehin verinnerlichen und auch noch einmal verstandesmäßig aufarbeiten.

Stellen Sie aber fest, dass die entsprechenden Belehrungen nicht gerade von Weisheit inspiriert waren und darüber hinaus aus dem einen oder anderen Grund nicht auf Ihre Lebenssituation passen, dann sollten Sie keinen Moment zögern, sie zu verwerfen.

Vorsicht!

Dies gilt vor allem dann, wenn Sie das Gefühl haben, ein Ratschlag, möge er noch so vernünftig klingen, passe einfach nicht auf Sie. Sie spüren instinktiv, dass Sie damit nicht leben können. Aber: Die spirituellen Lehren, die für Sie richtig sind, enthalten in all der Süße gewöhnlich auch einen winzigen Tropfen heilsamer Bitternis, der Sie dazu bringt, noch ein bisschen weiter zu gehen, als sie dies eigentlich wollten. Das ist vermutlich auch der Grund, weshalb Sie ihn kosten mussten.

Astrale Lehrer, die einfach nur einen weiteren Anhänger ködern wollen, sind gewöhnlich geschickt genug, um sich über den emotionalen Zustand des Anwärters so zu informieren, dass sie ihm genau das vorsetzen, was er hören möchte. Sie forschen sozusagen unsere Schwachstellen aus.

Ein klassisches Beispiel für diese Art von falschen Ratgebern sind all jene, die Ihnen sagen, Sie sollen Ihr Studium oder Ihre Berufsausbildung aufgeben und auf alle weltlichen Ambitionen verzichten. Fallen Sie bloß nicht auf so etwas herein! Möglicherweise ist es Ihre Bestimmung, als Einsiedler auf einer winzigen Insel zu leben, aber machen Sie zuerst Ihre Ausbildung fertig und entscheiden Sie sich dann.

Sonnenlicht als Antiseptikum

Nehmen Sie sich die Zeit, auf astralem Weg erhaltene Belehrungen wirklich gut zu prüfen. Betrachten Sie sie im Licht des Bewusstseins, sodass Sie entscheiden können, ob Sie sie annehmen oder ablehnen wollen. Auf diese Weise wissen Sie wenigstens, warum Sie sie zurückweisen. Dann ist die Chance auch weitaus geringer, dass ein übersehener Lehrsatz sich tief in Ihr Unterbewusstsein eingräbt und später Ihre Entscheidungen beeinflusst.

Mit solchen »subliminalen Botschaften«, also mit Sätzen und Bildern, die dicht an der Schwelle zum Bewusstsein angesiedelt sind, kann man wunderbar arbeiten. Aber letztlich geht es uns wie dem Gärtner. Sind die Sämereien gut, entstehen daraus wundervolle Pflanzen. Taugt aber das Saatgut nichts, dann richtet es nur Unheil an. Sie müssen einfach wissen, was Sie da in der fruchtbaren Erde Ihres Unbewussten verankern.

Dies ist einer der Gründe, weshalb es so wichtig ist, dass Sie Ihre Astralreisen bei vollem Bewusstsein und mit einer klar formulierten Absicht unternehmen.

Nahezu jeder Mensch macht früher oder später einen Abstecher in die Astralwelt, sei es nun willentlich oder unwillkürlich. Die meisten Menschen nehmen dabei Ideen, Gefühle oder Impulse auf, ohne zu wissen, woher sie kommen und wes Geistes Kind sie sind. Reisen Sie jedoch bewusst und zu einem bestimmten Zweck, dann können Sie hinterher in aller Ruhe Ihre Mitbringsel sichten. Sie erinnern sich genau, von wem Sie sie erhalten haben. Sie bringen sie ans Licht und entscheiden, was Sie behalten wollen und was nicht. Als erfahrener Astralreisender können Sie diese Sichtung auch gleich vor Ort vornehmen und müssen Sie nicht bis zu Ihrer Rückkehr aufschieben.

Im Reich des Geistes kann man das Bewusstsein gut mit Sonnenlicht vergleichen: Beide wirken antiseptisch.

Die Bewohner der Astralwelt

Die ursprünglichen Bewohner der Astralwelt sind die Elementale oder Elementargeister.

Einige Reisende lernen sie erst gar nicht kennen bzw. bemerken sie nicht. Andere fühlen sich von ihnen stark angezogen und machen ihre Bekanntschaft manchmal schon durch schlichtes ätherisches Sehen, das heißt ohne den Körper zu verlassen. Dann wird der Wunsch, diese Bekanntschaft zu vertiefen, häufig zum eigentlich Ansporn, die Astralprojektion zu erlernen.

Die Elementargeister bewohnen einen Bereich der Astralwelt, der nah an der Erde liegt und ihr deshalb sehr ähnlich ist, auch wenn dort eher die subtileren Erdenergien wirken. Nur die Zeitebenen laufen nicht synchron. Daher trifft man dort auch häufig auf die so genannte »Remanenz«, ein Phänomen, von dem man mit den Worten der Bibel sagen könnte:

Was geschieht, das ist zuvor geschehen, und was geschehen wird, ist auch zuvor geschehen.
PREDIGER SALOMO, 3, 15

Dieses Phänomen macht aus dem Zwischenreich zwischen materieller und astraler Welt einen höchst interessanten, ja faszinierenden Ort. Die Elementale manifestieren sich dort in allen möglichen Formen und Größen, meist jedoch in irgendeiner Verbindung zu den Elementen (Feuer, Luft, Wasser oder Erde) bzw. zu dem Ort und der Lebensform, an die sie am meisten gewöhnt sind. Ein Mensch, der nur über die ätherische Sicht verfügt, ist möglicherweise erstaunt, mit welcher Hartnäckigkeit fisch- oder amphibienähnliche Elementale, die ganz offenkundig das Wasser lieben, an einem offensichtlich ausgetrockneten Flussbett hängen. Wenn man dann jedoch das Bewusstsein in die astrale Welt projiziert, dann erweist sich der ausgetrocknete Fluss nicht selten als reißender Strom, in dem die Elementale sich köstlich amüsieren.

Wenn ein altes Haus renoviert wird, kommt es vor, dass der verfallene Teil abgerissen wird. Mitunter führt dann eine Treppe des alten Hauses schlicht in eine neu aufgezogene Wand. Die im Haus lebenden Menschen finden nichts dabei. Nur die Geräusche, die sie gelegentlich von der anderen Seite der Wand wahrzunehmen scheinen, können sie sich nicht erklären. Doch auf der

Astralebene steht der abgerissene Teil des alten Hauses vielleicht noch und ist höchstwahrscheinlich bewohnt – nicht, wie die Bewohner des renovierten Teils meinen mögen, von menschlichen Geistern, sondern von Elementalen, denen nichts besser gefällt, als Mensch zu spielen.

Elementale als Imitatoren

Mitunter lässt ein früherer menschlicher Bewohner in einem solchen Haus eine deutliche Spur auf der niederen Astralebene zurück, möglicherweise Ausdruck massiven körperlichen Schmerzes oder eines aufbrausenden Temperaments. Diese Spuren können von einem sensitiven, also für das Übernatürliche sensiblen, Menschen erkannt werden, aber natürlich sind auch die Elementale dazu in der Lage. Diese machen sich dann einen Spaß daraus, die Rolle dieses Menschen anzunehmen und zu verkörpern. Wurde die Spur gar von einem Kind oder Jugendlichen gelegt, müssen nicht einmal besonders starke Emotionen im Spiel sein. Elementale fühlen sich von jungen Menschen stärker angezogen als von Erwachsenen.

Elementale sind gewöhnlich recht sanfte Wesen. Das liegt nicht etwa an ihrer höheren Moral – so etwas besitzen sie nicht –, sondern einfach daran, dass alle ihnen feindlich gesonnenen Wesen auf einer anderen Frequenz schwingen. Daher sind die Elementale auf Spaß geradezu versessen. Sie lieben Streiche. Wenn sie irgendwo eine Energiequelle finden, an der sie auftanken können, werden sie sogar richtig ausgelassen. Die Unschuld und Spielfreude, die sie zeigen, wenn sie sich in ihrer natürlichen Umgebung befinden, wirken so faszinierend, dass der Beobachter von ihnen unwillkürlich bezaubert ist, obwohl ihre seltsam anmutende Schönheit sich allen möglichen Naturwesen verdankt und häufig fremdartige Züge trägt.

Elementale als Freunde

Wenn Sie zu den Menschen gehören, die sich Tiere leicht zu Freunden machen können, dann wissen Sie vermutlich auch instinktiv, was nötig ist, um einen Elementargeist zum Freund zu gewinnen.

Unterschiede allerdings gibt es. Da viele Elementale auch in menschlicher Form erscheinen und man aus dem Alltagsleben ja nicht daran gewöhnt ist, dass Tiere sprechen, unterhält man sich mit Elementalen viel natürlicher als mit Tieren. In Wirklichkeit kann der Elementargeist, wenn er nicht gerade viel Erfahrung im Umgang mit Menschen hat, mit ihrem Blick, Tonfall und ihren Bewegungen weit mehr anfangen als mit dem, was Sie sagen. Mitunter nehmen Elementale das Gemeinte auf telepathischem Wege schneller auf als ein Tier. Das lässt sich letztlich aber nur durch ihre Reaktion feststellen.

Doch es gibt noch einen anderen, wichtigeren Unterschied. Sobald ein einigermaßen kluges Tier erwachsen ist, hat es einen eigenen Lebensrhythmus und begreift auch, dass Sie den Ihren haben. Einem Elementargeist müssen Sie in dieser Hinsicht Grenzen setzen, und zwar klar und deutlich. Sie müssen der Führende und Denkende bleiben.

Natürlich können Sie auch Spielzeiten vereinbaren, in denen Sie sich führen lassen, um sich zu entspannen. Elementale können uns die Freude und Wunder der Elementarwelt zeigen. Sie werden feststellen, dass Ihr neuer Freund (oder Ihre Freunde) sich sehr viel Mühe gibt, um herauszufinden, was Ihnen am meisten gefällt.

Was können Sie den Elementalen dafür schenken? Zeigen Sie ihnen immer wieder aufrichtig Ihre Dankbarkeit und Ihr Vergnügen. Machen Sie darüber hinaus deutlich, dass Sie vielleicht nicht so viel Zeit für diese Freundschaft haben, wie die Elementargeister dies wünschen, dass sie aber trotzdem einen besonderen, einzigartigen Platz in Ihrem Herzen einnehmen.

Lassen diese zarten Wesen, die nur auf der astralen Ebene – also der Ebene der Instinkte und Emotionen – existieren, sich auf eine Verbindung mit Menschen ein, dann hungern sie nach Anerkennung wie kleine Kinder und entwickeln dieselbe Besitz ergreifende Eifersucht wie manche Katzen. Um diese Freundschaft in all ihrer Fülle genießen zu können, müssen Sie Geduld, Verständnis und vor allem Strenge besitzen.

10

Freunde und Helfer

Wenn Sie wirkliches Interesse an der Astralprojektion haben, werden Sie, auch wenn Sie noch keine willentlichen Reisen unternehmen können, auf die eine oder andere Weise auf Wesen treffen, die zur astralen Welt gehören oder sich zu einem bestimmten Zweck dort aufhalten.

Freunde oder Geliebte – Menschen also, die auf der materiellen Ebene der Welt bereits guten Kontakt haben – können sich dort treffen und das astrale Abenteuer genießen. Beherrscht nur einer der beiden die Technik der Astralprojektion, kann er dem anderen helfend beistehen.

Wenn Sie die Technik beherrschen

Vielleicht lernen Sie auf Ihren Reisen einen anderen Wanderer zwischen den Welten kennen, mit dem Sie sich anfreunden. Solche Freundschaften bergen ein enormes Potenzial. Sie könnten zum Beispiel eine verwandte Seele kennen lernen, mit der Sie sich – falls Sie einander im Erdendasein überhaupt je begegnen würden – aufgrund von Sprach- oder Altersbarrieren vielleicht gar nicht austauschen könnten. Oder Sie treffen jemanden, mit dem Sie seit Jahren zusammen im Büro sitzen, ohne dass das Thema »außerkörperliche Erfahrung« je zur Sprache kam.

Möglicherweise lernen Sie auch einen Zeitreisenden kennen oder Bewohner des Alls, die nicht von der Erde kommen. Vielleicht freunden Sie sich ja auch mit den Elementargeistern an und können es jedes Mal kaum erwarten, auf die Astralebene zurückzukehren, wo so gute Freunde für Sie da sind.

Begegnungen mit Nichtinkarnierten

Menschen, die augenblicklich keinen Körper haben, trifft man nicht einfach so. Gewöhnlich haben sie mit ihren eigenen Problemen zu tun oder leiden unter einem Schock, weil sie unerwartet aus dem Leben gerissen wurden, zum Beispiel durch einen Unfall. Manchmal sind sie sich ihrer neuen, körperlosen Existenz auch gar nicht bewusst. (Schließlich haben sie ja einen Astralkörper. Sie wissen ja selbst, wie solide und fest die Lichthülle in der astralen Welt wirkt.) In den meisten Fällen gehen diese Wesen einfach ihrer Wege, mitunter allerdings bitten sie um Hilfe oder Rat.

In einem solchen Fall sollten Sie bitte nicht unüberlegt antworten. Überschütten Sie das Wesen nicht mit den Schablonen Ihrer Philosophie und Weltanschauung. Nehmen Sie die Situation des anderen einfach so an, wie er Ihnen davon berichtet, also so, wie der andere sie wahrnimmt. Seien Sie sanft. Denken Sie daran, jeden Schock zu vermeiden. Verlassen Sie sich auf Ihr Wissen über die astrale Ebene und antworten Sie dementsprechend.

So kommt es beispielsweise vor, dass ein Geistwesen darüber klagt, dass seine Verwandten und Freunde gar nicht mehr mit ihm reden, seit es kürzlich so krank gewesen ist, ja, dass sie gar so tun, als sei es gar nicht da.

Wenn Sie diesem Wesen nun erklären, dass es seinen Körper verloren hat, rufen Sie vermutlich eine Schockreaktion hervor, die von Schmerz, Angst und tiefem Unglauben begleitet ist. Diese Entdeckung sollte der »Geist« allmählich und von selbst machen. Immerhin ist er buchstäblich in einem veränderten Bewusstseinszustand und erlebt aufgrund dieser plötzlichen Trennung vom Körper eine Art Dissoziationstrauma. Sie können der fragenden Seele einige praktische Hinweise geben: Zum Beispiel, dass Sie mit ihren Lieben sprechen soll, wenn diese schlafen. Machen Sie ihr Mut, was das Ergebnis angeht. So helfen Sie nicht nur der verängstigten Seele, sondern eröffnen außerdem den trauernden Angehörigen Wege, auf denen sie ihren Schmerz überwinden können. Und die wandernde Seele erfährt auf diese Weise alles, was sie wissen muss.

Normalerweise sollten die von ihrem Körper befreiten Seelen nicht allzu lange in Erdnähe verweilen. Doch ein klares Verständnis des Geschehenen fördert ihren Fortschritt, während der ungestillte Drang herauszufinden, was passiert ist, sie eher hemmt.

Wie Sie Rat und Hilfe geben

Natürlich sind die Umstände von Mal zu Mal unterschiedlich. Sie können nicht alles wissen, aber wenn Sie in Ruhe und vorurteilsfrei verschiedene Quellen anzapfen, ist Ihnen vermutlich mehr Wissen zugänglich, als Sie zunächst vermuten.

Auf astraler Ebene stehen Sie mit allen Existenzebenen gleichermaßen in Verbindung. Auch wenn Sie den Kontakt zu Ihrem Höheren Selbst noch nicht dauerhaft stabilisiert haben, können und sollten Sie es doch um Hilfe bitten, wenn dies nötig ist. Damit stehen Ihnen die bewussten und instinktiven Kräfte der Psyche zur Verfügung. Sie können das Gehirn Ihres physischen Körpers zurate ziehen, wenn Sie die dort gespeicherten Informationen brauchen. Außerdem können Sie für Ihr Vorhaben auch Ihre Energiereserven mobilisieren. Wissen bzw. Energie auf die astrale Ebene zu holen ist letztlich nur eine Frage der Übung und der Entschlusskraft. So erwerben Sie die für Ihr astrales Leben erforderlichen Fertigkeiten, Sie holen einfach durch die Kraft Ihres Willens all das auf die astrale Ebene, was

Sie dort brauchen. Dann warten Sie, geduldig, aber ohne in Ihrem Entschluss zu wanken, bis es in Ihrem astralen Bewusstsein auftaucht.

Wenn Sie die Technik des Reisens nicht beherrschen

Astrale Begegnungen und Freundschaften wie die oben beschriebenen kommen auch bei Menschen vor, die mit ätherischer Wahrnehmung begabt sind, ohne – oder zumindest ohne willentlich – auf Astralreise gehen zu können. (Wobei es manchmal schwierig ist festzustellen, ob man im Körper oder außerhalb agiert. Dies gilt vor allem, wenn man in die Betrachtung von Naturschönheiten versunken ist, sich den Elementarenergien eines Ortes hingibt oder aus dem Schlaf heraus einer »armen Seele« zu Hilfe eilt.)

Einige Dinge geschehen jedoch hauptsächlich, während man im Körper ist, ob man nun zur Astralreise fähig ist oder nicht. Dazu gehören zum Beispiel Geistererscheinungen, aber auch die Wahrnehmung astraler Klänge oder Düfte, von der allerdings weniger häufig berichtet wird.

Dem Astralreisenden allerdings, der die Elementale oder andere Wesen, die in einem irdischen Umfeld reichlich geisterhaft wirken, sehen kann, kommen diese Dinge nicht gar so befremdlich vor. Auch Klänge oder Düfte wirken nicht so merkwürdig, wenn man sich in der Astralwelt aufhält und dort ihren Ursprung sieht.

In der Astralwelt gibt es eine besonders niedrige Ebene, die voller Gespenster und voll von »astralem Müll« jeglicher Beschaffenheit ist. Astralreisende übergehen diese Zone meist eilig, wenn sie keinen besonderen Grund haben, sich dorthin zu begeben. Ist man allerdings an den physischen Körper gebunden, liegt der Fall anders. Die Fähigkeit der ätherischen Wahrnehmung ist nicht nur von Mensch zu Mensch unterschiedlich ausgeprägt. Sie kann auch beim Individuum manchmal stärker und dann wieder schwächer sein. Ist ein Mensch nur ein wenig sensibler dafür und nimmt zur selben Zeit aus irgendwelchen Gründen die Dichte eines beliebigen astralen Phänomens zu, dann wird der Beobachter dieses Phänomen zumindest teilweise wahrnehmen können.

Leere Astralhüllen

Diese Erscheinungen, die in der Literatur als *astral shells* bekannt sind, zählen weder zu den Freunden noch zu den Helfern. Es gibt auch nichts, was Sie für sie tun könnten. Sie brauchen nichts. Doch da man so häufig auf sie trifft, schadet es nicht, über sie Bescheid zu wissen.

Was also ist eine astrale Hülle?

Wie wir bereits gesehen haben, ist die niedrigste Astralebene vom materiellen Umfeld nicht immer sauber zu trennen. Die einzige Funktion dieses Teils, den wir als »gröbere Astralsubstanz« kennen, ist es nämlich, Körper und Geist zu verbinden. Bei der Astralprojektion verbleibt der größte Teil dieser Substanz im physischen Körper, um ihn am Leben und gesund zu erhalten, während das Bewusstsein anderswo weilt. Wenn zum Zeitpunkt des Todes der Geist vom physischen Körper getrennt wird, hat dieser Teil der Astralsubstanz keine Aufgabe mehr und wird abgebaut.

An diesem Punkt gibt es mehrere Möglichkeiten. Normalerweise verbleibt der gröbere Teil der Astralsubstanz beim menschlichen Körper und zersetzt sich mit diesem. Manchmal allerdings, besonders im Fall eines gewaltsamen Todes, wird die grobe Astralsubstanz, deren Energie noch nicht verbraucht ist, vom Körper und von der Seele getrennt und existiert eine Weile für sich weiter, bevor sie sich auflöst. In der Zwischenzeit »treibt« sie quasi alleine umher, leblos wie eine Fotografie. Entweder behält sie die Form des Verstorbenen oder sie zeigt in erschreckender Deutlichkeit die Umstände seines Todes. Geschichten über diese Erscheinungen finden sich immer wieder, sowohl im wahren Leben als auch in der Legende. Die leeren Astralhüllen können schockierend, ja grausig wirken, sind aber vollkommen harmlos, weil sie keinerlei aktive Kräfte mehr in sich tragen und daher auch nicht mehr leiden können.

Das Auftauchen von Sterbenden

Es kommt vergleichsweise häufig vor, dass Menschen zum Zeitpunkt ihres Todes in der Astralwelt auftauchen und gesehen werden. Dies geht ebenfalls auf das Wirken der groben Astralsubstanz zurück. Die Besuche gelten vor allem Freunden oder Verwandten. Manchmal übermitteln diese Erscheinungen nur Grüße, mitunter hinterlassen sie auch eine spezielle Botschaft, um dann nie wiederzukehren. Der Sterbende hegt dabei den festen Wunsch, diesen Besuch zu machen, und es geschieht dann, wenn er seinen Körper verlässt. Die grobe Astralsubstanz, die im Moment des Todes nicht mehr gebraucht wird, stellt dem Bewusstsein einen Träger zur Verfügung, der dicht genug ist, um von Menschen wahrgenommen zu werden, wenn diese auch nur einen Hauch feinsinniger Veranlagung besitzen.

Nach ihrem Auftauchen löst sich die grobe Astralsubstanz auf normalem Wege auf, sodass es nicht zu weiteren Erscheinungen kommt.

Eine andere Art der Erscheinung

Allerdings lassen sich nicht alle übersinnlichen Erscheinungen auf diese Weise erklären. Mit unseren spirituellen Freunden und Helfern hat es eine ganz andere Bewandtnis.

Manchmal geschieht es in besonders kritischen Situationen, die wir vielleicht gar nicht als solche erkennen, dass ein Besucher aus der anderen Welt uns einen Ratschlag, eine Warnung oder ein Wort der Hoffnung und des Trostes übermittelt, je nachdem was wir gerade brauchen.

Das kann ein Freund oder Verwandter sein, der schon vor einiger Zeit aus dem Leben geschieden ist, oder eine verwandte Seele, deren Werk Sie immer zutiefst bewundert haben, obwohl sie vielleicht längst tot war, als Sie zur Welt kamen. Möglicherweise kennen Sie Ihren Ratgeber auch gar nicht. Er könnte ja auch ein nicht menschliches Wesen, zum Beispiel ein Engel, sein. All diese Fälle sind belegt. Der Besucher kann zu Ihnen sprechen, er kann sich aber auch nur spürbar und bemerkbar machen, und zwar sowohl im Schlaf als auch im Wachzustand.

Spüren Sie es!

Was Sie oder andere vermutlich zuerst wissen wollen, ist, ob Ihr Besucher wirklich der ist, der zu sein er vorgibt. Ist er vielleicht ein ganz anderes Wesen oder ein Teil Ihres Unbewussten? (Er könnte auch Teil des Unbewussten einer anderen Person sein – innerhalb einer Familie ist dies durchaus möglich!)

Leider müssen Sie, was die Identität Ihres Besuchers betrifft, sich voll und ganz auf Ihr Gespür verlassen. Sie können sich natürlich ein Zeichen geben lassen. Mitunter entdeckt man die Bedeutung so eines Hinweises erst sehr viel später. Aber natürlich ist auch ein derartiges Zeichen kein wirklich verlässlicher Beweis. Sie müssen sich also auf Ihr Gespür verlassen. Können Sie die Persönlichkeit, die sich Ihnen zu erkennen gibt, innerlich als diesen Menschen annehmen? Eine andere Möglichkeit der Überprüfung gibt es nicht.

Verschiedene Traumstadien

Aus diesem Grund möchte ich Sie hier warnen – und Ihnen gleichzeitig Mut machen. Wenn Sie eine solche Begegnung im Schlaf haben und sich, wenn Sie erwachen, nur unscharf an alles erinnern, weil Träume und Fantasien sich in Ihr Erleben gemischt haben, sollten Sie die Begebenheit nicht einfach als Hirngespinst abtun, *wenn es dafür nicht noch andere Gründe gibt*.

Wenn eine Person aus der anderen Welt im Schlaf zu Ihnen gekommen ist, um Ihnen irgendetwas mitzuteilen, dann ist es ziemlich wahrscheinlich, dass ihre Worte in irgendeiner Form in einem Ihrer Träume auftauchen. Das erschwert es Ihnen natürlich, die Wahrheit zu erkennen.

Ihr träumender Geist hat viele verschiedene Ebenen, die sich mit ganz unterschiedlichen Dingen beschäftigen. Erinnern wir uns an einen Traum, versuchen wir ganz automatisch, das Geschehene mit unserem Verstand einzuordnen, um eine logische Geschichte daraus zu schmieden. Doch dies gelingt nicht immer. Dann sind wir gezwungen, Dinge zu berichten wie: »Ich träumte, wir hatten zu Hause ein Fest, aber gleichzeitig fuhr ich mit einem Boot den Fluss hinunter.« Ihr körperloser Besucher mag nicht die Macht haben, jede Ebene Ihres schlafenden Geistes zu beeinflussen. Trotzdem hat er Ihnen vielleicht etwas sehr Wichtiges mitzuteilen.

Es gibt Wichtigeres als die Frage »Wer?«

Wie wichtig Ihnen die Identität Ihres Besuchers auch sein mag (zum Beispiel weil Sie sich wünschen, es wäre eine ganz bestimmte Person), so wohnt diesen Erscheinungen doch meist ein viel wichtigeres Element inne.

Menschen und andere Wesen der nicht materiellen Welt haben mitunter einen besseren Überblick über das, was auf der Erde geschieht und geschehen wird. Andererseits findet natürlich nicht alles, was sich auf der Astralebene abspielt, zwangsweise einen Widerhall in unserer Welt. Daher sollte man sich vor Augen halten, dass Menschen, die auf der Erde fehlerhaft waren, nicht plötzlich zu Quellen tief schürfender Weisheit werden, weil sie mit dem Tod auf eine andere Ebene übergehen.

Das heißt nun nicht, dass Sie die Botschaften, die Sie auf diesem Weg erreichen, nicht beachten sollen. Denken Sie einfach gründlich darüber nach, ohne sich das Urteil aus der Hand nehmen zu lassen. Vergessen Sie nicht: Ganz egal ob die Botschaft nun von einem Engel kommt, von der Großmutter Ihres Opas oder aus Ihrem eigenen Unbewussten, nichts kann Sie Ihrer Verantwortung entheben, bewusst über Ihr Tun und Lassen zu entscheiden.

Helfer auf der Astralebene

Und dann gibt es da noch andere Formen der Kommunikation im Schlaf:

Die angesprochenen Erlebnisse haben meist Menschen, die willentlich ihren Körper verlassen können. Allerdings nicht ausschließlich. Es gibt auch Menschen, die eine derartige Erfahrung nie machen wollten bzw. nicht einmal im Traum an eine solche Möglichkeit geglaubt hätten.

Diese Menschen haben eines gemeinsam: Sie verfügen über eine bestimmte Fähigkeit, mit der sie anderen – manchmal nur einem einzigen Menschen im ganzen Universum – helfen können, ob ihnen dies nun bewusst ist oder nicht. Irgendwann sind diese Menschen aufgerufen, ihre besondere Begabung einzusetzen.

Daher werden sie mitunter im Schlaf zum astralen Bewusstsein erweckt. Auf der Astralebene erwarten sie dann zwei Lichtwesen. Jedenfalls sind es in den meisten Fällen *zwei* Boten. Sie sind den Schläfern unbekannt, flößen ihnen aber ein tiefes, fragloses Vertrauen ein. Diese beiden bringen den Schläfer dann dorthin, wo er im Moment gerade gebraucht wird.

Ihre Aufgabe

Wenn Sie auf eine solche Weise abgeholt werden, ist der Mensch, dem Sie helfen müssen, vermutlich irgendjemand, den Sie persönlich oder vom Hörensagen kennen. Es kann aber auch sein, dass Ihnen der Betreffende gänzlich unbekannt ist. Nun ist es an Ihnen, das zu geben, was gebraucht wird: Sie müssen die Person vielleicht überzeugen, zu leben, zu sterben oder zur Welt zu kommen. Möglicherweise müssen Sie sie in ihrem Kummer trösten, ihre Angst lindern, einen Albtraum vertreiben, ihren Selbstmord verhindern bzw. ihr beistehen, ihre Drogensucht zu bekämpfen. Es gibt unendlich viele Möglichkeiten. Dabei muss die betreffende Person nicht einmal in der materiellen Welt inkarniert sein.

Was immer in diesem Fall nötig ist, Sie und nur Sie können es geben. Weil Sie sind, wer Sie sind. Weil Sie wissen, was Sie wissen. Weil Sie zu diesem Menschen eine besondere Beziehung haben.

Menschen, die eine solche Erfahrung gemacht haben, zweifeln sie nicht an, auch wenn sie im Alltag eingefleischte Skeptiker sind. Der Eindruck, dass dies alles tatsächlich geschehen ist, verblasst nie – wie dies bei einem noch so lebhaften Traum unweigerlich der Fall wäre.

11

Den Kosmos erforschen

Stellen wir uns nun einmal vor, dass Sie die volle Kontrolle über das Wo und Wann Ihrer Astralreisen erlangt haben. Wie alle Einsteiger haben Sie Ihre Freunde besucht. Vielleicht haben Sie auch festgestellt, dass es besser ist, sie im Schlaf zu besuchen. Dann erschrecken Sie sie nicht und können ungehindert Ideen austauschen. Ein Mensch, der schläft, muss nicht mit Vorurteilen und dem »So etwas gibt es doch gar nicht!« kämpfen, die unser Wachbewusstsein schon von Kindesbeinen an lähmen.

Möglicherweise konnten Sie Ihren Freund sogar überreden, mit Ihnen auf Reisen zu gehen. Doch dazu später. Denn vielleicht möchten Sie nun endlich die Erde hinter sich lassen und sich in die grenzenlosen Weiten des Weltraumes stürzen.

Das ist kein Trip in höhere spirituelle Gefilde. Wenn man spirituell vorankommen will, stößt man früher oder später an eine schier undurchdringliche Grenze, die vom aktuellen persönlichen Entwicklungsstand vorgegeben ist. Und natürlich ist es ein lohnendes und aufregendes Unterfangen, dort weiterzumachen. An dieser Stelle jedoch geht es um Astralreisen im materiellen Universum, in der Welt der Planeten, Sterne, Meteore und kosmischen Nebel, die die Astronomen durch ihre Teleskope beobachten.

Die bloße Entfernung ist auf der astralen Ebene ja kein Problem. Theoretisch können Sie an jeden Punkt des Kosmos gelangen.

In der Wirklichkeit aber gibt es einen (eher seltsamen) Faktor, der bei der Astralreise dafür sorgt, dass Sie bestimmte Ziele zu ganz bestimmten Zeiten leichter erreichen als andere. Dieser Faktor findet sich in gewissem Ausmaß auch auf der Erde. Bei der kosmischen Reise allerdings wirkt er sich stärker aus. Seine Folgen sind beträchtlich, auch wenn er kaum bekannt ist. Daher hat sich für das Phänomen auch noch kein bestimmter Begriff geprägt. Ich nenne diesen Faktor:

Den »ausgetretenen Pfad« gehen

Wenn Sie ihm noch nie begegnet sind, werden Sie seine Bekanntschaft spätestens dann machen, wenn Sie sich mit paranormalen Phänomenen zu beschäftigen beginnen.

Bei der kosmischen Reise auf der Astralebene wirkt er sich so aus: Stellen wir uns einmal vor, dass Sie aus irgendeinem Grund den heftigen Wunsch entwickeln, den Saturnmond Titan zu besuchen. Sie suchen den Mond auf der Sternenkarte heraus, stellen sich einen langen, wunderbaren Flug zum Saturn und dann zum Titan vor, und trotzdem wird nichts daraus: Sie kriegen den Mond einfach nicht klar vor Augen. Sobald eine Idee einmal in die Astralwelt gelangt ist, kann man damit rechnen, dass sie von jemandem aufgenommen wird, der dort nach Inspiration sucht. Ihre wehmütige Sehnsucht nach dem Saturn wird von einem Schriftsteller aufgefangen, der sich wenig um wissenschaftliche Wahrscheinlichkeiten schert, aber das Talent hat, die Massen anzusprechen. Und plötzlich füllen die Kioske sich mit einem neuen Science-Fiction-Abenteuer, in dem es um eine entführte Jungfrau geht, die auf einem Felsen inmitten der Methanmeere des Titan gefangen gehalten wird.

Viele Menschen lesen die Geschichte und fragen sich: »Wo ist denn der Titan eigentlich?« Einige schlagen in Sternenkarten nach und stellen sich den langen, wunderbaren Flug zum Saturn vor. Sie versuchen es auch noch einmal, und siehe da – es klappt! Die astralen Türen sind geöffnet. Vielleicht müssen Sie sich

Ihren Weg durch Meuten von Schwertkämpfern und Ungeheuern bahnen, aber Sie kommen an. Sie landen auf dem Titan, dem echten Titan, Mond des Saturn, und genießen dort die ewige Stille der Felslandschaft und der Methanseen.

Einer ist immer der Erste!

Wenn sich das allgemeine Interesse plötzlich irgendeinem fernen Teil des Himmels zuwendet, dem Sirius zum Beispiel oder Betelgeuze, einem roten Riesen im Sternbild Orion, dann sollten Sie, wenn Sie es denn wünschen, sich dem allgemeinen Strom anschließen und sich von dieser Welle an den besagten Ort tragen lassen, den Sie anderenfalls vielleicht nie erreichen würden.

Oder Sie spielen Pionier. Das ist zwar nicht ganz einfach, aber einer ist schließlich immer der Erste, nicht wahr? Wenn es also in Ihrem Sonnensystem noch unentdeckte Planeten gibt, die darauf warten, von Ihnen entdeckt zu werden, wenn Sie den Ruf der Plejaden verspüren oder den des Aldebaran, wenn Sie die Einflüsse des Tierkreises einmal intensiv studieren wollen, denken Sie daran, dass den Kräften Ihres Systems keine Grenzen gesetzt sind.

So weit zum Zielort. Was Ihre Reise angeht, das Vorwärtsgleiten durch die majestätische Schönheit von Feuerstürmen und Gammastrahleneruptionen, vorbei an Planeten, die die Farbe wechseln, je nachdem ob Sie sie aus der Erdatmosphäre, aus dem Raum oder der Atmosphäre anderer Planeten sehen, gehört zu den unvergesslichen Eindrücken der kosmischen Reise. Natürlich könnten Sie die Distanz auch blitzschnell in Sekundenbruchteilen überwinden. Aber ich wette, dass Sie das nicht tun werden.

Was aber werden Sie vorfinden, wenn Sie am Ziel angelangt sind?

Zeitsprung

Stellen Sie sich vor, Sie besuchten einen Planeten wie zum Beispiel den Mars, der über die Jahrmillionen seiner Entstehung ganz verschiedene Klimaphasen erlebte.

Normalerweise werden Sie in die aktuelle Phase eintauchen, wenn Sie auf astralem Weg dort ankommen. Das muss jedoch nicht immer so sein, vor allem dann nicht, wenn die gegenwärtige Phase relativ ruhig und stabil ist.

Ein für paranormale Wahrnehmung offener Mensch, der durch eine moderne Großstadt spaziert, kann plötzlich die Stille friedlicher Dörfer und die paradiesische Natur der unberührten Landschaft erleben, die vor dem Entstehen dieser Stadt an diesem Ort vorzufinden waren. Genauso kann ein Astralreisender den Planeten, den er gerade besucht, in seiner früheren Gestalt sehen. Der Reisende verfügt gewöhnlich nicht über historisches Wissen im Hinblick auf diesen Planeten. Diese Art von Wissen ist für ihn im Moment der Reise nicht so ohne weiteres verfügbar. Um es zu überprüfen, muss er in seinen Körper zurückkehren und sich das, was er gesehen hat, noch einmal bewusst machen. Wenn ihm dann klar wird, dass er vermutlich vergangenen oder zukünftigen Phasen der Planetenentwicklung beigewohnt hat, kann er »nachschlagen« – entweder in seinem organischen Wissenspeicher, dem Gehirn, oder in entsprechenden Büchern.

Die Brücke der Bücher

Wenn Sie den Kosmos mithilfe Ihrer astralen Fähigkeiten erforschen wollen, gibt es zwei Dinge, die Sie unweigerlich tun müssen: Sie müssen so häufig wie möglich, am besten jede Nacht, nach dem Licht Ausschau halten, das »von den Sternen« kommt. Und Sie müssen alles über Ihr Forschungsobjekt lesen, was Sie in die Finger bekommen.

Die Lektüre ist in mehrfacher Hinsicht nützlich. Zum einen können Sie über ein Thema, das Sie interessiert, gar nicht genug wissen. Je begeisterter Sie diesen Weg verfolgen (was Sie ganz sicher tun sollten), umso mehr werden Sie dieses Wissen verinnerlichen, sodass es auch den tieferen Schichten Ihres Wesens zur Verfügung steht und leichter abrufbar ist, wenn Sie außerhalb Ihres Körpers sind. Außerdem nehmen Sie während des Lesens bewusst oder unbewusst Kontakt zum Geist derer auf, die Ihren Lesestoff geschrieben haben und die folglich genauso an diesem Thema interessiert waren wie Sie selbst.

Für den Astralreisenden – sei er nun Schüler oder erfahrener Praktizierender – ist die aufmerksame Lektüre von Büchern über die verschiedenen Regionen des Universums (gleichgültig um welche Zeitebene es geht) gleichbedeutend mit dem »Bauen einer kosmischen Brücke, die zu anderen Zeiten und anderen Orten führt« (um ein Bild von August Derleth, dem Koautor H. P. Lovecrafts, aufzunehmen). Die Worte und Gedanken der Autoren sind das Material, aus dem wir die Verbindung zwischen den Geistern schaffen, welche die wahre Magie jedes Buches ausmacht.

Je breiter das Fundament, desto höher der Turm

Sie sollten Ihre Lektüre allerdings nicht zu sehr auf spezielle Themenbereiche beschränken, die Sie im Augenblick gerade interessieren. Wie ein Juwel in der Fassung, so kommt auch Ihr besonderes Thema am besten zur Geltung, wenn es von verwandten Themenbereichen flankiert wird. Außerdem profitieren Sie selbst am meisten davon, wenn Sie etwas unter möglichst vielen verschiedenen Gesichtspunkten betrachten können.

Lesen Sie Bücher. Sammeln Sie Bildmaterial: illustrierte Bücher, astronomische Bilder aus Zeitschriften und Science-Fiction-Magazinen, wenn Ihnen so etwas liegt. Beschränken Sie sich dabei nicht auf Nahaufnahmen von Planeten, sondern halten Sie auch nach Aufnahmen Ausschau, welche die ganze Tiefe des Weltalls anschaulich machen, die Sie auf Ihren Reisen erwartet.

Nehmen Sie Fotos vom Sternenhimmel über den Monumenten alter Kulturen in Ihre Sammlung auf: von der Akropolis in Athen zum Beispiel, den Pyramiden in Ägypten und Südamerika oder von Stonehenge. Von Orten also, an denen der Geist der Menschen Jahrhunderte lang den Aufstieg zu den Göttern am grenzenlosen Himmel gesucht hat. Dieses unwiderstehliche Streben nach den Sternen hat sich dort erhalten.

Alle Bilder vom Kosmos werden so zu Brücken für Ihren Geist. Und Sie werden etwas ganz Erstaunliches, ja Verheißungsvolles feststellen: Auch wenn Sie niemandem von Ihrem neuen Hobby erzählen, werden Sie immer mehr Bilder finden. Die Bilder scheinen Sie regelrecht zu suchen. Das trifft natürlich nur zu, wenn Ihr Interesse wirklich von Herzen kommt. Bevor Sie selbst in die wahre Welt eintauchen, die Sie suchen, werden deren Zeichen auf die eine oder andere unerklärliche Weise in Ihrer Welt auftauchen.

Die kosmische Reise

Wenn Sie also festgelegt haben, wohin Sie wollen, und sich mithilfe von Büchern, Bildmaterial und Beobachtungen des Sternenhimmels darauf eingestellt haben, wenden Sie die folgende Technik an:

Die astrale Erkundung des Universums

1. Ziehen Sie den *doppelten Schutzkreis*.

2. Legen Sie sich bequem hin und führen Sie die *Grundtechnik* aus. Treten Sie dann in die astrale Welt ein.

3. Sobald Sie auf der Astralebene sind, rufen Sie sich alles ins Gedächtnis, was Sie über das Ziel Ihrer Reise wissen. Tauchen Sie ein in die Emotionen, die das in Ihnen hervorruft. Lassen Sie Ihrer Inspiration freien Lauf. An diesem Punkt nehmen Sie vermutlich flüchtige astrale Bilder wahr, die mit den Bildern in Ihrem Kopf zusammenhängen.

4. Erheben Sie sich nun über den astralen Ort, an dem Sie sich befinden. Lassen Sie sich in die astrale Entsprechung der höheren Schichten der Atmosphäre ziehen und richten Sie sich auf Ihr Zielobjekt aus.

5. Vielleicht sollten Sie noch ein wenig Astralsubstanz zu Ihrem Körper zurückschicken, damit Ihre Reise nicht unnötig beschwert wird.

6. Steigen Sie immer weiter und weiter.

7. Betrachten Sie die Welt unter sich, die pulsierenden Ströme in der Aura unseres Planeten. Richten Sie den Blick auf den Raum, durch den Sie sich bewegen, den sternenglänzenden, strahlenden Kosmos.

8. Sie sind sich Ihrer Position im Weltall vollkommen sicher. Aus dieser Sicherheit fassen Sie nun den festen Entschluss, an den Ort zu reisen, den Sie erkunden wollen.

9. Und los geht's!

12

Zeit und Ort

So wie bei einem gesunden Spaziergang wesentlich mehr Muskelgruppen bewegt werden, als wir ahnen, so werden auch bei der Astralreise viel mehr von unseren übersinnlichen Kräften eingesetzt, als wir je für möglich gehalten hätten.

Dies ist besonders nützlich für die ganzheitliche Entwicklung unserer Persönlichkeit.

Der Kontakt mit der Vergangenheit

Stellen Sie sich einmal vor, dass Sie, statt Ihre Reise in den Kosmos hinaus zu machen, der Vergangenheit einen Besuch abstatten. Vielleicht haben Sie schon eine der zahllosen Geschichten gehört, in denen dies unfreiwillig passiert ist. Möglicherweise waren Sie selbst Held solch einer unwillkürlichen Erfahrung. Jetzt allerdings wollen wir lernen, wie diese Erfahrung sich bewusst herbeiführen lässt oder anders gesagt: wie Sie auf astralem Weg in die Vergangenheit gelangen. Und zwar entweder an den Ort, an dem Sie sich jetzt befinden, oder in eine andere Gegend unseres schönen Planeten.

Das Bindeglied

Wenn Sie selbst schon derartige Erfahrungen gemacht haben und sie im Nachhinein noch einmal genau studieren, werden Sie vermutlich feststellen, dass es zwischen Ihnen und der Zeit bzw.

dem Ort, die Sie besucht haben, irgendeine Verbindung gab. Solch ein Bindeglied ist immer vorhanden, auch wenn es manchmal nicht sofort ins Auge fällt. Vielleicht hat es etwas mit Ihren Vorfahren zu tun oder mit den Lebenszeiten, die Sie bereits hinter sich haben.

Aus diesem Grund ist es auch nicht immer möglich, astrale Erfahrungen einer anderen Person nachzuvollziehen. Wenn Sie und der Mensch, auf dessen astralen Spuren Sie wandeln möchten, einander nicht so eng verbunden sind, dass Sie beide gemeinsam reisen können, dann sollten Sie einfach nach Orten oder Epochen Ausschau halten, von denen Sie sich angezogen fühlen. Warum das so ist, müssen Sie gar nicht wissen. Vielleicht wird Ihnen diese Nähe mit der Zeit auch verstandesmäßig klarer. Ihre Wirkung tut sie ohnehin.

Elemente, auf die Sie Einfluss haben

Trotzdem gibt es auch bei der astralen Zeitreise viele Dinge, die Ihrer Kontrolle unterliegen. Häufig hat ein Mensch, der unwillkürlich in eine bestimmte Zeit »gezogen« wird, gerade Musik aus dieser Zeit gehört. Oder Bücher gelesen, die damit zu tun hatten. Bilder, Kleidungsstücke und im besonderen Maße Gegenstände haben die Macht, die Zeit, aus der sie stammen, wieder zu erwecken. Und schon ist man unterwegs, weil die paranormale Verbindung, die auf diese Weise hergestellt wurde, einen dorthin führt.

Daher ist es sinnvoll, irgendetwas zu finden, was Sie mit dieser Zeit verbindet, sei es nun ein Augenzeuge, ein Kunstgegenstand oder ein Bild.

Wenn wir zurück in die von Menschen geprägte Vergangenheit wollen, sind materielle Gegenstände bzw. Musik dieser Zeit gut geeignet. Zieht es uns in die Vergangenheit unseres Planeten, wäre dies zum Beispiel ein Fossil. Es sollte auf jeden Fall etwas sein, was Sie in die Hand nehmen, hören, erfahren oder auf andere Weise »sinnlich« erleben können.

Sehr wirkungsvoll sind auch gute Filme, auch dann, wenn die historische Aufarbeitung nicht vollkommen exakt ist. Wenn Sie dort angelangt sind, finden Sie von selbst heraus, was nicht stimmt.

Natürlich haben auch Bilder eine entsprechende Wirkung. Wenn es um einen bestimmten Ort geht, ist mitunter eine Landkarte erstaunlich nützlich. Richten Sie den Blick auf die Landkarte. Nähern Sie sich Ihrem Ziel aus der Richtung, in der Sie sich auch jetzt befinden (das heißt wenn Sie sich westlich von dem Ort aufhalten, an den Sie möchten, dann reisen Sie auch auf der Landkarte von Westen an). Bewegen Sie sich durch die auf der Karte angegebene Landschaft auf Ihr Ziel zu. Dann fassen Sie Ihr genaues Ziel ins Auge und sagen: »Ich will jetzt dort sein!«

Das bedeutet nicht, dass Sie bei Ihrer Astralreise mühsam jeden Bachlauf und jeden Hügel überqueren, jedem ausgetrockneten Flussbett und jeder Straße folgen müssen. Von anderen Dingen einmal abgesehen sind Sie dafür auch viel zu schnell. Doch wenn Sie all diese Details in der Vorstellungskraft durchgehen, bevor Sie sich tatsächlich auf die Reise machen, trägt das enorm zu einem guten Gelingen bei.

Wenn Sie ein materielles Bindeglied brauchen

Wenn Sie einen Ausschnitt der Vergangenheit besuchen wollen, zu dem Sie persönlich keinerlei Verbindung haben, dann brauchen Sie ein ziemlich starkes Bindeglied, um den Erfolg sicherzustellen – am besten einen materiellen Gegenstand. Wenn Sie sich heute in Deutschland befinden, aber die historische Türkei oder Sibirien zur Zeit der Mammuts besuchen wollen (und keinerlei persönlichen Draht dazu haben), sollten Sie sich ein Stück von einer antiken Bodenplatte vom Bosporus besorgen oder ein Fossil – und sei es nur ein bisschen Farn oder Moos, das sich in den Stein gedrückt hat.

Ein Abenteuer

Nehmen Sie das Objekt in die Hand und halten Sie es schweigend. Spüren Sie, wie es sich anfühlt, sodass Sie sich später an dieses Gefühl erinnern. Ist es kalt oder warm, leicht oder schwer? Ist die sensitive Ladung groß genug, sind solche Objekte manchmal erstaunlich schwer. Vielleicht spüren Sie ja ein gewisses Kribbeln in der Handfläche, das keinen materiellen Ursprung hat.

An diesem Punkt kann es auch vorkommen, dass Sie plötzlich das Gefühl haben, mit diesem Gegenstand nicht mehr weiterarbeiten zu wollen. Nehmen Sie dieses Gefühl ernst und halten Sie inne. Glücklicherweise kommt das ziemlich selten vor. Normalerweise entsteht zwischen dem Empfänger und dem Objekt bzw. den Assoziationen, die von ihm ausgehen, ein warmer Strom wechselseitigen Energieflusses.

Nachdem Sie den Kontakt zu dem Objekt hergestellt haben, stellen Sie sich vor, wie Sie sich bewusst von seinem Einfluss anziehen lassen, indem Sie eine entsprechende Entscheidung treffen. Dann hören Sie auf, irgendetwas tun oder denken zu wollen. Konzentrieren Sie sich ganz auf das, was der Gegenstand Ihnen zu sagen hat.

Schließlich wenden Sie Ihre Gedanken dem Ort und der Zeit zu, aus der der Gegenstand stammt. Stellen Sie sich vor, welche Funktion er damals ausübte. Ihre Scherbe wird zu einer leuchtend glasierten Bodenplatte, die einen Palast im alten Byzanz schmückt. Die Sonne lässt die funkelnde Glasur kurz aufleuchten. Die Farnwedel strecken sich hellgrün leuchtend dem Licht entgegen, welches durch das Blätterdach eines dichten Urwalds fällt. Damals war das Klima in Sibirien noch ganz anders …

Und ohne »Zeitzeugen«

Natürlich kann es auch sein, dass einfach nichts aufzutreiben ist, was als materielles Bindeglied zu der Zeit dienen könnte, in die Sie gerne reisen möchten.

Macht nichts! »Wo ein Wille ist, ist auch ein Weg.« Dieses Sprichwort hat sich schon mehr als einmal bewahrheitet. Und was die Astralwelt betrifft, ist es eine schlichte, unleugbare Tatsache.

Nutzen Sie, was Sie haben

Wollen Sie zum Beispiel in das Rom der Cäsaren zurückkehren, dann genügt es, sich selbst hundertprozentig darauf einzustellen, bevor man zur eigentlichen Reise aufbricht, auch wenn Sie nur die Fotografie einer Münze aus jener Zeit besitzen und eine Landkarte von Mittelitalien. (Beachten Sie, dass es in so einem Fall günstig ist, eine Landkarte *und* ein zusätzliches Bindeglied zu haben.)

Wenn Sie also nur eine Landkarte und eine Bildergalerie römischer Statuen haben, reicht das schon. Oder Sie richten Ihren Blick auf das Rom der Landkarte und murmeln die Namen von Persönlichkeiten aus jener Zeit vor sich hin: Quintilius Varus, Josephus Flavius, Livia Augusta. Entscheiden Sie sich für die Personen, die Sie am meisten anziehen. Die Auswahl ist ja groß genug.

Dies soll keine Entschuldigung für schlampige Vorbereitungen sein. Aber Sie werden nicht nachlässig sein, wenn Sie fest entschlossen sind. Suchen Sie nach Gegenständen, Abbildungen oder anderen Dingen, die Sie mit der von Ihnen gewählten Zeit verbinden können, und nutzen Sie das, was Sie finden, voll aus. Wenn Sie mit wirklichem Eifer herangegangen sind, reicht das Gefundene auf jeden Fall aus.

Grenzen und Barrieren

Mit diesen Vorbereitungen sollten Sie auf astralem Weg jede Zeit und jeden Ort besuchen können, die Ihr Interesse erwecken. Vielleicht möchten Sie sich ja persönlich von Kleopatras Schönheit überzeugen oder sehen, wie Ihre Urgroßeltern lebten. Ob Sie auf diesem Weg allerdings die großen Rätsel der Vergangenheit lösen können, sei hier dahingestellt.

Wie genau sahen die Einweihungszeremonien im Mithraskult aus? Oder die Mysterien von Eleusis? Es gibt Astralreisende, die solche Dinge sehen können. Sie scheinen auf dem Inkarnationsweg, auf karmischem oder evolutionärem Weg das Recht erworben zu haben, Einblick in diese Dinge zu erlangen. Darüber hinaus scheinen sie dieses Wissen wirklich zu brauchen, was ihnen erlaubt, in die Materie einzudringen. Sie reisen in der Zeit zurück und erhalten dieses Wissen. Da sie wissen, dass beides – Recht und Bedarf – etwas Höchstpersönliches ist, schweigen sie meist über das, was sie gesehen haben.

Natürlich könnte das auch auf Sie zutreffen, ob Ihnen dies nun bewusst ist oder nicht. Aber natürlich kann auch das Gegenteil der Fall sein. Das brennende Verlangen, ein Geheimnis zu lösen, ist keine Garantie dafür, dass dieses Geheimnis Ihnen auch tatsächlich zugedacht ist, auch wenn es natürlich als Fingerzeig gelten kann.

Wenn Sie auf astralem Weg nach etwas suchen, das vor der Neugier Unbefugter geschützt werden soll – und wenn Sie zu dieser Personengruppe gehören –, dann ist Ihr Vorhaben unweigerlich zum Scheitern verurteilt. Und das ist alles! Sie haben keinerlei Strafe zu gewärtigen, weil es nichts zu strafen gibt. Ein Unbefugter kann ganz einfach die entsprechende Barriere nicht überwinden. Zumindest nicht zu diesem Zeitpunkt. Der Kosmos ist auf Fortschritt ausgerichtet. Das bedeutet, dass auch das »Zutritt verboten« nicht ewig dauert.

Das astrale Reiseprogramm

Wenn Sie dies alles berücksichtigen, sollte Ihrer Reise in die astrale Vergangenheit nichts mehr im Wege stehen. Praktisch geht es so:

Der astrale Trip in die Vergangenheit

1. Ziehen Sie den *doppelten Schutzkreis.*

2. Setzen Sie sich bequem hin. Wenn Sie passende Musik haben, die Sie an die Zeit erinnert, in die Sie reisen möchten, sollten Sie diese jetzt leise abspielen. Denken Sie daran: Die Musik soll die richtige Atmosphäre schaffen. Sie soll Signale an die emotionale, instinktive Ebene Ihrer Psyche senden. Daher darf sie nicht zu laut sein. Auch sollte sie nicht Ihr intellektuelles Interesse wecken.

3. Nehmen Sie Kontakt mit Ihrem »Zeitzeugen« auf. Stellen Sie sich auf das Gefühl ein, das »er« Ihnen vermittelt. Dann entscheiden Sie sich bewusst, seine Energie aufzunehmen.

4. Bleiben Sie ruhig sitzen, und nehmen Sie passiv auf, was Ihnen Ihr Bindeglied vermittelt. Lassen Sie die entsprechenden Eindrücke in Ihrem Bewusstsein aufsteigen.

5. Nun lenken Sie Ihre Aufmerksamkeit auf die Epoche, die Sie interessiert. Sehen Sie, wie Ihr »Zeitzeuge« seinen angestammten Platz einnimmt.

6. Wenn Sie eine Landkarte benutzen, achten Sie darauf, welchen Weg Sie nehmen wollen. Richten Sie den Blick auf das Ziel und sagen Sie: »Ich will jetzt dort sein.«

7. Dann legen Sie sich bequem auf den Boden, führen die *Grundtechnik* aus und projizieren Ihr Bewusstsein in die astrale Welt.

8. Wenn Sie die Lichtwelt betreten haben, rufen Sie sich das Gefühl ins Gedächtnis, das Ihr Bindeglied Ihnen vermittelt hat. Beschließen Sie, jetzt an eben diesen Ort zu gehen, zu eben dieser Zeit.

9. Dann geht es los. Nehmen Sie den Weg, den Sie vorher festgelegt haben. *Während Sie reisen, werden Sie feststellen, dass Sie auch immer mehr Jahre hinter sich lassen, je näher Sie Ihrem Zielort kommen. Das zeigt sich schon an den Bildern, die Sie auf Ihrer Reise sehen. Das ganze Ambiente verändert sich, während Sie immer weitergehen.*

Die eigenen Kräfte entdecken

Sobald Sie diese Technik gut beherrschen, können Sie – nachdem Sie die Grundtechnik ausgeführt haben, aber noch bevor Sie wirklich auf die Reise gehen – den Beschluss fassen, dass Sie sich, wenn Sie in die Astralwelt eintreten, sofort in der richtigen Epoche befinden mögen. Wenn Sie dann tatsächlich den Übergang vollziehen, müssen Sie sich nur noch für einen Ort entscheiden.

In diesem Fall sieht das Umfeld, in das Sie sich hineinprojizieren, ganz anders aus. Sie sehen Ihren physischen Körper nicht mehr. Sie befinden sich zwar am selben Ort, aber zu einer ganz anderen Zeit, was Sie an Ihrer Umgebung erkennen können.

Natürlich können Sie sich auch gleich an den Ort und in die Zeit projizieren, die Sie erkunden möchten. Das wirkt dann in Sekundenschnelle. Sie reisen zwar, aber sehr viel schneller. Auch hier müssen Sie vor dem Ausführen der Grundtechnik den festen Beschluss fassen, sich beim Übergang in die astrale Welt zu einer bestimmten Zeit an einem bestimmten Ort wieder zu finden.

Doch diese Feinheiten werden Sie wohl von selbst entdecken, wenn Sie erst mehr Übung haben. Ob Sie dabei Erfolg haben, hängt in erster Linie von folgenden Faktoren ab:

- Wie effizient Sie bei den Vorbereitungen waren: Haben Sie einen echten Kontakt zu Ihrem Bindeglied hergestellt? Können Sie sich mit den tieferen Schichten Ihres Wesens auf seine Schwingung einstellen?
- Sind Sie in der Technik der astralen Reise entsprechend geübt und trainieren Sie diese Fähigkeit regelmäßig?

Die Rückkehr in die Gegenwart

Aus der astralen Vergangenheit in die Gegenwart zurückzukehren, ist ein Kinderspiel. Haben Sie genug geforscht, fassen Sie den festen Beschluss, in Ihren gegenwärtigen physischen Körper zurückzukommen. Sie werden sofort durch die Jahre zurückreisen. Wenn Sie das langsam tun, wandelt sich dabei Ihre ganze Umgebung. Sobald Sie bei Ihrem Körper angekommen sind, kehren Sie zurück wie üblich. Haben Sie Ihr Alltagsbewusstsein wiedererlangt, führen Sie die Grundtechnik aus.

Astralreisen in die Zukunft

Die Vergangenheit ist bereits abgeschlossen. Daher können Sie dorthin reisen und Dinge erleben, die tatsächlich geschehen sind. Die Zukunft hingegen ist in ständiger Veränderung begriffen. Wenn Sie sich also in die Zukunft begeben, dann erleben Sie nur eine von vielen Möglichkeiten, sehen nur die Ergebnisse eines der Wege, die Sie einschlagen können.

Sind denn dann Weissagungen purer Unsinn?

Nein, keineswegs. Sie müssen nur wissen, wie Sie damit umgehen und wozu sie dienen können. Dasselbe gilt auch für die zukünftige Welt, die wir auf Astralreisen entdecken.

Da es keinen Ausblick auf die Zukunft gibt, der sagt, was mit absoluter Sicherheit eintreten wird, gibt Ihre Vision Ihnen die Möglichkeit, die Zukunft tatsächlich zu gestalten. Wenn es Ihnen in Ihrer Zukunft gefällt, können Sie in der Gegenwart Mittel suchen, sie auf materiellem bzw. geistigem Weg herbeizuführen. Gefällt Ihnen dagegen nicht, was Sie sehen, können Sie diese Entwicklung vermeiden bzw. verändern. Was auch immer Sie wollen, Sie können sicher sein, dass Sie Erfolg haben werden – wenn Sie nicht anderen Menschen erlauben, ein gegenteiliges Resultat herbeizuführen.

Umgang mit der Panik

Doch auch wenn Sie gegen einen ziemlich starken Strom anschwimmen müssen, sollten Sie auf jeden Fall versuchen, diesem Strom auch auf astraler Ebene zu widerstehen, und zwar nicht nur aus moralischen Gründen. Wenn Ihr Ziel nämlich positiv und das Ihrer Gegenspieler negativ ist, dann haben Sie gute Chancen, das Blatt zu Ihren Gunsten zu wenden.

Das geschieht vor allem dann, wenn es aufgrund von Missverständnissen auf der Erde zum Aufflammen von fanatischem Hass oder starker Furcht kommt. Solch eine gewaltige Emotion strahlt auch auf die Astralebene aus. Wird sie von dort wieder auf die Erde reflektiert, erscheint es mitunter so, als sei sie berechtigt.

Kämpfen auf der Erde gute und vernünftige Menschen gegen diese Strömung an, so bleibt das ohne Wirkung, wenn die Emotion sich erst einmal voll entwickelt hat. Wenn Sie und andere Menschen (die Sie nicht einmal kennen müssen) aber auf der Astralebene dafür sorgen, dass sie sich nicht voll entwickeln kann, ist plötzlich Aussicht auf Erfolg da. Stellen Sie sich vor, Sie wollen einen gewaltigen Strom eindämmen. Dann ist es am sinnvollsten, Sie regeln all die kleinen Flüsse und Bäche am Oberlauf, die später zu diesem Fluss werden. Dann müssen Sie sich der reißenden Flut an der Mündung gar nicht erst stellen.

Ein Bonus für Astralreisende

Diese Möglichkeit, auf der Astralebene vorbeugend tätig zu werden, ist ein Vorteil, den der Astralreisende gegenüber dem normal Hellsichtigen hat. Ein talentierter Hellseher nimmt sicher genauso viel wahr wie ein Astralreisender, doch der Hellsichtige kann nur auf der irdischen Ebene auf seine Wahrnehmung reagieren und unterliegt damit all den Einschränkungen, die das Handeln auf der Erde mit sich bringt.

Dazu möchte ich Ihnen ein Beispiel nennen, das sehr deutlich zeigt, auf welche Art künftige Ereignisse beeinflusst werden können. Es gibt viele Aufzeichnungen zu solchen Ereignissen, ich werde mich hier aber nicht auf einen Einzelfall beschränken, sondern versuchen, das Ganze allgemeiner zu fassen.

Ein Hellseher, der seine außergewöhnlichen Fähigkeiten mehrfach unter Beweis gestellt hat, sieht ein Unglück voraus, das mehrere Menschen das Leben kosten wird. Da die Vision gewöhnlich sehr klar und exakt ist, weiß er genau, wann und wo die Katastrophe stattfinden wird. Er kennt die Namen einiger Opfer und die technischen Ursachen des Dramas. Sobald er ins Wachbewusstsein zurückgekehrt ist, beschließt er, die Behörden zu informieren.

Dass die bekannte Beamtenmentalität für solche Informationen nicht gerade offen ist, ist bekannt. Doch der Hellseher verfügt über einen so erstklassigen Ruf, dass es doch Menschen gibt, die seine Informationen überprüfen. Diese stellen tatsächlich fest, dass die angegebenen Namen zu Menschen gehören, die sich zu einer bestimmten Zeit an einem bestimmten Ort befinden werden. Also nimmt man eine Inspektion vor und der technische Defekt wird behoben. Die Katastrophe mit all den Toten und Verwundeten wird abgewendet.

Falls aber …

Die Unsicherheiten, die in diesem Modell stecken, liegen auf der Hand. Das astrale Bild der Katastrophe war ja äußerst detailgetreu. Daher stand es kurz davor, Wirklichkeit zu werden. Hätte der Hellseher über weniger Ansehen verfügt, hätte einer der Beamten auf stur geschaltet und sich schlichtweg geweigert, ihn ernst zu nehmen, wäre die Namensliste, die der Hellseher geliefert hat, nicht vollständig zutreffend gewesen, dann wäre die Warnung wohl kaum auf fruchtbaren Boden gefallen und das Unglück hätte nicht verhindert werden können.

Dem Astralreisenden stehen hier ganz andere Möglichkeiten zur Verfügung. Er entdeckt die Ursache für die Katastrophe in der astralen Welt und kann ein astrales Bild schaffen, in dem der technische Defekt entdeckt und behoben wird, noch bevor das Drama seinen Lauf nehmen kann. Wieder zurückgekehrt kann er auf der astralen Ebene zusätzlich einen Techniker im Schlaf kontaktieren und ihm den Gedanken eingeben, er möge bei der nächsten Gelegenheit alle technischen Details überprüfen, die mit dem Unglück zu tun haben.

Wahre Vorhersage, unsichere Zukunft

Das hier genannte Beispiel zeigt eines klar und deutlich.

Wenn Zeit und Ort, betroffene Personen und ein ganz bestimmter technischer Defekt klar übermittelt werden, wenn die Katastrophe auf jeden Fall eingetreten wäre, falls niemand etwas dagegen unternommen hätte, dann liegt doch klar auf der Hand, dass die Vorhersage richtig war. Und trotzdem fand die Katastrophe *nicht* statt.

Was also ist nun die Wahrheit?

Was der Hellseher im oben beschriebenen Fall sah – und was Ihnen mitunter auf der astralen Ebene begegnen kann, wenn Sie sich in die Zukunft begeben – ist die mögliche, ja sogar wahrscheinliche zukünftige Entwicklung einer aktuell existierenden Situation. Doch wenn wir dieser auf astraler und/oder irdischer Ebene verändernd begegnen, kann das Ergebnis trotzdem beeinflusst werden.

Keine, absolut keine Vorhersage *muss* sich erfüllen.

Wenn Sie also das, was Sie in zukünftigen Gefilden der Astralwelt sehen, mitteilen wollen, wenn Sie sich an Vorhersagen und Prophezeiungen wagen wollen, dann sollten Sie jedem Wort, das Sie in dieser Hinsicht äußern, einen Satz vorausschicken: »Das habe ich gesehen.« Oder: »Das habe ich erfahren.« Dann sagen Sie die Wahrheit. Sie haben etwas gesehen oder erfahren, auch wenn es gute Gründe gibt, sich dafür einzusetzen, dass das Geschaute nicht Wirklichkeit wird.

Das Schöne daran

Warum aber immer diese ewigen Unglückswarnungen?

Unbestreitbar kommen Menschen, die sich gerne in der astralen Zukunft umsehen, häufiger mit Warnungen vor drohenden Katastrophen zurück als mit der Verheißung kommenden Glücks. Das war schon immer so. Und trotzdem genießen die Menschen ihr Leben. Das liegt daran, dass die astrale Welt ein Ort der Freude und der Schönheit ist.

Vielleicht sollten wir uns Grenzen auferlegen, was die Zeit angeht, die wir in der astralen Zukunft zubringen, auch wenn wir dorthin reisen, um mögliches Unglück zu vermeiden. Vielleicht sollten wir unsere astralen Entdeckungsreisen dazu einsetzen, eine lebenswerte Zukunft zu schaffen, indem wir die grenzenlosen Gefilde ewiger Glückseligkeit still betrachten – von den Spielwiesen der Elementargeister bis zu den strahlenden Fluren der Engel, die ebenfalls zur Astralwelt gehören. Von diesen Orten des Lichts und der Freude können wir Impulse auf die Erde bringen, die ebenfalls für Licht und

Freude sorgen. Die Menschen werden sie – bewusst oder unbewusst – aufnehmen. Ihre Herzen werden leichter, sie reden und handeln freundlicher. Und die Welt wird wieder ein klein bisschen besser.

13

Liebe und Sex auf der Astralebene

Liebe ist ein Begriff, der sich auf jeder Ebene des Seins einer eigenen Bedeutung erfreut, auch wenn alle diese Bedeutungsebenen natürlich eine gemeinsame Wurzel haben.

Die Liebe in der Astralwelt ähnelt der irdischen in vielerlei Hinsicht: Sie ist sehr emotional und wird von der körperlichen und instinktiven Seite des Lebens stark beeinflusst. Andererseits hat sie auch das Leuchten und den Glanz der geistigen bzw. der spirituellen Ebene.

Der Begriff »Sex« hat ebenfalls mehrere Bedeutungsebenen. Dass diese des Öfteren verwechselt werden, scheint eben in der Natur der sexuellen Anziehung zu liegen.

Mit der astralen Liebe gibt es kein Problem. Astraler Sex aber läuft ganz anders ab als irdischer, wobei er sich recht ähnlich anfühlen kann. Man könnte ihn als irdischen Sex in höherer (mathematischer) Potenz bezeichnen, wenn man ein passendes Bild sucht. Anders ist er deshalb, weil die beteiligten Körper ja nur aus Astralsubstanz bestehen. Wir können Astralsex gedanklich kaum erfassen, weil unsere Vorstellungen so sehr vom Miteinander physischer Körper geprägt sind. Dies aber hat mit dem Austausch astraler Leiber nicht viel gemein.

Daher ruft das Thema »Astralsex« eine Menge Fragen hervor, die ich hier – soweit es mir möglich ist – beantworten möchte.

Liebe, Leidenschaft und Spiel auf der Astralebene

Frage: Können sich Menschen auf der Astralebene, das heißt außerhalb ihres physischen Körpers, wirklich sexuell voneinander angezogen fühlen?

Antwort: Sicher. Das geschieht sogar recht häufig. Sexuelle Anziehung beruht auf instinktiven, emotionalen Faktoren, die ja zur astralen Ebene der menschlichen Psyche gehören.

Frage: Kann diese Anziehung in einer astralen Vereinigung Ausdruck und Erfüllung finden?

Antwort: Ganz bestimmt, und zwar ohne die Beschränkungen, die der menschliche Körper auch der leidenschaftlichsten Begegnung auf Erden auferlegt. Die Partner können, wenn sie das wollen, kurzzeitig vollkommen eins werden.

Frage: Ist die Vereinigung auf astraler Ebene das Unterpfand reiner Liebe?

Antwort: Sie kann es sein, wie dies auf der Erde auch möglich ist, wenn es das ist, was die Partner ausdrücken wollen. Sie kann aber auch – wie auf der irdischen Ebene – Ausdruck des rasenden astralen Verlangens sein, das jeder irdischen Leidenschaft zugrunde liegt. Und sie kann Ausdruck der spielerischen Begegnung leichtherziger Menschen sein.

Die astrale Vereinigung erfüllt genauso viele Funktionen wie die irdische, tut dies aber in vollkommener Weise, weil die Körpersprache wesentlich flexibel ist als auf der irdischen Ebene.

Frage: Ist es möglich, dass die Vereinigung auf der irdischen Ebene von der vollkommenen Vereinigung auf der Astralebene begleitet wird, die Sie beschreiben?

Antwort: Es spricht nichts dagegen. Tatsächlich mag dies sogar der Grund sein, weshalb sich zwei Körper auf der irdischen Ebene manchmal so unwiderstehlich zueinander hingezogen fühlen.

Orgasmus auf astraler Ebene

FRAGE: Kann ein Paar, das sich auf astraler Ebene vereinigt, auch einen Orgasmus erfahren?

ANTWORT: O ja, und dies sogar mehrfach bzw. über einen längeren, ununterbrochenen Zeitraum hinweg, wenn es das wünscht. Diese Möglichkeiten sind auf der Erde praktisch unbekannt.

FRAGE: Das ist doch sicher anstrengend?

ANTWORT: Ganz im Gegenteil. Bei solchen Orgasmen wird eine Menge Energie frei, doch nur wenig davon geht verloren. Meist wird sie zwischen den Partnern ausgetauscht. Dieser rasend schnelle Austausch von Energie ist absolut atemberaubend. Er ist grundlegend für die sexuelle Erfahrung auf der Astralebene.

FRAGE: Es ist doch sicher sehr schön, wenn ein Liebespaar zusammen auf die Astralebene geht, um sich dort zu vereinigen?

ANTWORT: Ja. Viele Paare machen das. Aber es macht auch Spaß, wenn man seinen Partner auf der irdischen Ebene nicht kennt.

FRAGE: Heißt das, dass ich während meiner Astralreisen eine attraktive Person treffen kann, die ihrerseits gerade ihren Körper verlassen hat, und dass wir uns dann in ein verträumtes astrales Eckchen zurückziehen, wo wir uns dem Rausch der Leidenschaft hingeben, ohne uns auf der Erde überhaupt je zu Gesicht zu bekommen?

ANTWORT: So ungewöhnlich wäre das nicht. So eine Begegnung kann eine ganz kurze astrale Romanze bleiben. Aber da sich das, was in der Astralwelt geschieht, häufig auf der Erde widerspiegelt, treffen solche Liebenden sich meist später in ihrem Erdenleben, sie werden durch die merkwürdigsten Umstände zusammengeführt.

Astralsex und irdisches Glück

Frage: Aber nach so einer traumhaften Begegnung auf der Astralebene ist die irdische Liebe doch sicher enttäuschend?

Antwort: Möglicherweise. Doch schließlich haben auch die irdischen Beziehungen in all ihrer Unvollkommenheit ihren Reiz, nicht wahr? Am besten wäre es, die Partner könnten sich ab und an auch auf der astralen Ebene vergnügen. Dann hätten sie das Beste beider Welten.

Frage: In meinem irdischen Leben habe ich keinen großen Erfolg beim anderen Geschlecht. Ich bin nicht so wahnsinnig attraktiv. Da mein Lichtkörper ja vollkommen sein soll, könnte ich mich da vielleicht auf der astralen Ebene nach ein bisschen Glück und Romantik umsehen?

Antwort: Anfangs ist das ein guter Vorsatz. Aber Sie sollen und dürfen hoffen, dass es dabei nicht bleibt. Wenn Sie erst entdeckt haben, wie anziehend Sie in der Astralwelt wirken können, wird sich Ihr Astralkörper entsprechend anpassen, sodass Ihr Selbstbewusstsein steigt.

Was aber auf der Astralebene geschieht, spiegelt sich früher oder später auch auf der Erde wider. Bald werden Sie auch hier ein entsprechendes Auftreten haben und eine unwiderstehliche Anziehungskraft ausstrahlen. Dann wird Ihr irdisches Leben mindestens genauso interessant wie Ihr astrales.

Frage: Mein Partner und ich lassen gerne unsere Fantasie spielen, was unser Liebesleben angeht. Manchmal tun wir so, als wären wir zwei Filmgestalten, die uns gefallen. Oder wir geben vor, uns fremd zu sein. Mitunter wechseln wir auch einfach die Kleider und tauschen die Persönlichkeit. Kann man so etwas auch auf der Astralebene machen, zum Beispiel die Lichtkörper austauschen? Oder wäre das zu verdreht?

Antwort: In der Astralwelt ist nichts zu »verdreht«. Stellen Sie sich die verschiedensten Szenen vor und lassen Sie sie um sich herum entstehen. Sie können auch selbst die Gestalt wechseln. Sie können tun und sein, was immer Sie wollen. Fantasie ist angesagt. Dann vermeiden Sie, dass das Ganze zu real wirkt. Genießen Sie Ihre Astralabenteuer, solange sie dauern. Hinterher belebt die Erinnerung daran Ihre Tage – und Nächte.

Frage: Ich hatte verschiedene Liebesabenteuer, und jedes endete, weil ich zu dem Schluss kam, dass es einfach nicht das war, was ich gesucht hatte. Dabei geht es mir nicht um Gefühle oder so etwas. Ich brauche eine gewisse körperliche Erfüllung, die ich nicht erfahre, dabei bekomme ich alles, was meine Partner mir geben können. Kann Astralsex mir helfen?

Antwort: Möglicherweise hatten Sie irgendwann einmal unbewusst astrale Abenteuer, die nun subliminal gespeichert sind. Das heißt, sie sind nicht weit genug an der Bewusstseinsschwelle, dass Sie sich daran erinnern würden, andererseits nicht ausreichend ins Unbewusste verdrängt, um sie zu vergessen. Möglicherweise sollten Sie bewusst in der Zeit zurückgehen, um den Moment zu finden und ihn sich bewusst zu machen. In jedem Fall kann die Betrachtung Ihres Falles auf der Astralebene Ihnen helfen herauszufinden, was Sie suchen. Sollte es etwas sein, was auf ein früheres Leben zurückgeht, dann suchen Sie nur auf der astralen Ebene danach. So verschaffen Sie sich Befriedigung, ohne andere Menschen unglücklich zu machen.

Diese Elementargeister

Frage: Was ist mit Liebhabern aus dem Reich der Elementale? Sie wirken ungeheuer faszinierend.

Antwort: Der Austausch von Energie, den Menschen beim Astralsex schätzen, ist auch für Elementale aufregend, funktioniert aber anders. Die Elementale genießen es, wie Menschen zu sein, daher ist es für sie wunderbar, menschliche Liebhaber bzw. Geliebte zu finden. Aber sie haben ein völlig anderes Wertesystem als die meisten Menschen. Was wir auf der Erde einen lockeren Flirt nennen, gehört für die Elementale zu den normalen Zeichen der Freundschaft. Erreicht die Liebe aber eine tiefere Ebene, dann werden Elementale besitzergreifend und ausgesprochen eifersüchtig. Achten Sie also darauf, sich nicht zu tief einzulassen!

Das hat auch noch einen anderen Grund. Die Grenze zwischen dem Reich der Elementale und der materiellen Welt ist sehr dünn. Der ständige Energiefluss, der dauerhafte Austausch von astraler Substanz kann einen Zusammenbruch verursachen, der Ihr ganzes irdisches Leben in Mitleidenschaft zieht, um es einmal milde auszudrücken. Das ist keineswegs graue Theorie, sondern für viele unvorsichtige Menschen schon bittere Realität geworden.

Frage: Geht das besser, wenn es mehrere sind? Ich habe ein paarmal Erfahrungen von Gruppensex auf astraler Ebene gemacht und irgendwie war immer ein Elementargeist dabei.

Antwort: Ja, auch wenn sie nicht daran teilnehmen, lieben Elementale doch astrale Orgien. Die Atmosphäre wilder, ungezügelter Leidenschaft zieht sie an. Sie nehmen dann ein Bad im frei werdenden Energiestrom. Manchmal beteiligen sie sich in ihrer eigenen Gestalt, manchmal nehmen sie auch menschliche Körper an, weil sie immer so gern für Menschen gehalten werden wollen. Mitunter scheinen sie es richtig darauf anzulegen.

Sex zwischen astraler und physischer Ebene

Frage: Wie ist es mit Sex zwischen zwei Partnern, von denen einer im physischen Körper bleibt? Ich kann astral projizieren, mein Partner nicht. Da ich bald auf eine lange Geschäftsreise gehe, kann ich ihn also auf jeden Fall besuchen, aber können wir auch sexuelle Kontakte haben?

Antwort: Aber ja! Das ist sogar ein ganz besonderes Erlebnis. In diesem Fall sollten Sie Ihren Partner vorher wissen lassen, wann Sie die Absicht haben, ihn zu besuchen. Jemand, der sich erwartungsvoll schlafen legt, öffnet sich auf allen Ebenen für den Besuch. Andererseits schließt die sexuelle Spannung, die sich aus der Vorfreude ergibt, häufig die Tür zu echter astraler Bewusstheit, ja verhindert vielleicht sogar das Einschlafen.

Trotzdem sollten Sie sich diese Gelegenheit nicht entgehen lassen. Bei der Vereinigung erhält der Partner auf der Astralebene wahrscheinlich mehr grobe Astralsubstanz vom anderen, als er gewöhnlich auf die Reise mitnimmt. Das geschieht bei sexuellen Aktivitäten ganz spontan. Wenn einer der Partner also im physischen Körper verbleibt, erhält der andere so viel Astralsubstanz von ihm, dass er sich beinahe materialisiert. Die Erfahrung ist dann für beide ein außergewöhnliches Erlebnis, bei dem sich die allumfassende Ekstase einer sexuellen Begegnung auf der Astralebene mit der Intimität eines körperlichen Austauschs vermischt.

Frage: Wenn der männliche Partner bei so einer Begegnung außerhalb des Körpers verweilt, bringt der Orgasmus ihn doch sicher ganz schnell in den Körper zurück?

Antwort: Das muss nicht sein, und zwar aus zwei Gründen:

Einer ist ganz simpel: In solch einem Fall ist der Astralreisende meist recht weit weg von seinem physischen Körper. Daher ist es eher unwahrscheinlich, dass er unfreiwillig zurückschnellt, außer der Körper schwebt in unmittelbarer Gefahr.

Der zweite Grund ist allerdings bedeutsamer. Deshalb möchte ich hier auch näher darauf eingehen. Die Natur des astralen Orgasmus' sollte nicht missverstanden werden! Es geht dabei nicht um den Ausstoß von Samenflüssigkeit. Wenn dies der Fall wäre, dürften Frauen ja nie Erfüllung finden. Man könnte vielleicht sagen, dass die Erregung sich in einem Höhepunkt entlädt. Diese Erregung ist physisch in den Leiterbahnen der Nerven angesiedelt, ihre restlichen Komponenten gehören zur astralen Ebene des Individuums. Die Reaktion der Drüsen ist weniger wichtig als die der Nerven, daher lernen viele Männer schnell, den Samenerguss zu kontrollieren. Natürlich kann es am Anfang passieren, dass der Mann beim Samenerguss unfreiwillig in seinen physischen Körper zurückkehrt. Hat er jedoch in seinem physischen Sexualleben Erfahrung mit Orgasmen ohne Samenerguss (was noch andere Vorteile hat), dann hat er mit Astralsex weniger Schwierigkeiten.

Frage: Kann ich diese Art von Sex mit jemandem haben, den ich im irdischen Leben gar nicht persönlich kenne?

Antwort: Wenn die andere Person zustimmt, gibt es dabei kein Problem. Dies könnte sogar für beide zu einer angenehmen Überraschung werden. Doch diese Voraussetzung ist absolut zwingend. Stimmt der andere nicht zu, haben Sie vermutlich gar keinen Erfolg und verursachen dieser Person schlimme Albträume. Es kann sogar vorkommen, dass dieser Mensch verspottet oder für verrückt gehalten wird, wenn er oder sie davon berichtet.

Frage: Kann es bei Sex von der Astral- zur physischen Ebene zu einer Schwangerschaft kommen?

Antwort: Hier ist kein klares Ja oder Nein möglich. Das Gesetz und unsere Alltagserfahrung sagen uns, dass so etwas nicht geht. Tradition und eine gewisse Erfahrung mit merkwürdigen Dingen lehren uns jedoch, dass man auch diesen Fall nicht völlig ausschließen kann. Manchmal passiert es, dass ein Kind einem Menschen ähnlich sieht, zu dem es keinerlei Verwandtschaftsbeziehungen hat. Dann kann man den Grund in sexuellen Begegnungen zwischen den Ebenen suchen. Allerdings sollte man es sich damit nicht zu leicht machen. Sicher, wenn auch unerforscht, ist die Tatsache, dass der feste Entschluss von einem

Elternteil oder gar beiden, ein Kind zu zeugen, in allen möglichen Fällen eine Rolle gespielt hat.

Frage: Wenn ich eine Astralreise mache, um meinen Liebsten zu besuchen, der selbst keine außerkörperlichen Erfahrungen kennt, können wir uns trotzdem auf der Astralebene lieben?

Antwort: Ich bin mir nicht ganz sicher, was Sie damit meinen. Wenn Sie wissen wollen, ob Sie Ihrem Freund helfen können, seinen Körper zu verlassen, dann ist die Antwort Ja. Ich werde in einem der anschließenden Kapitel noch eine Technik vorstellen, mit der der Astralreisende anderen Menschen helfen kann, eine solche Erfahrung zu machen, sei dies nun der Partner oder eine andere Person.

Oder möchten Sie wissen, ob der veränderte Bewusstseinszustand, den viele Menschen beim Orgasmus erleben, ausreicht, um diese Person auf die Astralebene zu heben? Auch hier ist die Antwort: Ja, das kann durchaus vorkommen. Ist genug freie Astralsubstanz vorhanden, die das Paar umhüllt, dann kann es geschehen, dass das Bewusstsein den Körper verlässt und beide eine außerkörperliche Erfahrung machen. Die Erfahrung zeigt jedoch, dass dieser Augenblick meist sehr kurz ist, da das Bewusstsein in diesem Moment stark auf den Körper konzentriert ist.

Regeln für die astrale und die irdische Ebene

Frage: Wie schaffe ich es, in der Astralwelt den Einschränkungen, denen sexuelle Bindungen auf der irdischen Ebene unterliegen können, zu entgehen? Vor etwa einem Jahr lernte ich bei einer außerkörperlichen Erfahrung einen Reisenden kennen, der mir auf dieser Ebene sehr nahe war. Er hatte eine spontane Projektionserfahrung und suchte eine Geliebte. Wir haben uns seitdem mehr als einmal getroffen, und unsere Beziehung wurde zu einem wertvollen Teil meines Lebens.

Nun entdeckte ich vor kurzem durch einen unglaublichen Zufall die irdische Identität meines astralen Liebhabers, und zwar ohne jeden Zweifel. Nun ist dies aber jemand, mit dem ich auf der Erde niemals eine Bindung eingehen würde. Andererseits kann ich die astrale Beziehung nicht einfach so abbrechen. Was soll ich tun?

ANTWORT: Nichts. Sie haben nicht gesagt, weshalb Sie diese Bindung auf der irdischen Ebene nicht wollen, und schon C.G. Jung war der Ansicht, dass die übersinnliche Identität eines Menschen sich von seiner irdischen erheblich unterscheidet. Aus dem, was Sie sagen, entnehme ich, dass Ihrem Geliebtem das Problem entweder gar nicht bewusst ist oder er sich einfach nicht darum kümmert. Es ist also ausschließlich Ihr Problem.

Selbstverständlich wissen Sie noch nicht, was für Sie nun die richtige Lösung ist. Also ist Abwarten die beste Strategie. Ganz sicher wird das Problem in der einen oder anderen Weise eine Lösung finden.

Entweder stört die von Ihnen gemachte Entdeckung Sie auf Dauer doch so sehr, dass die Beziehung untragbar wird. In diesem Fall wird sich das in Ihrer astralen Beziehung bald bemerkbar machen. Ihre Haltung dem Partner gegenüber wird sich ändern (und umgekehrt). Am Ende kommt es zum Bruch, der aber nicht so verletzend sein wird, wie Sie jetzt glauben.

Oder es kommt ganz anders. Vielleicht hören Sie nach dem anfänglichen Schock einfach auf, sich über diese irdischen Belange Sorgen zu machen, die weder Sie noch Ihren Liebhaber berühren, solange Sie Ihre Beziehung auf der astralen Ebene belassen. In diesem Fall können Sie beide die Bindung genießen, so lange Sie wollen.

Übersinnliche Erfahrungen bei Zwillingen

FRAGE: Ich bin ein Teil eines eineiigen Zwillingspaares. Unsere starke Ähnlichkeit erstreckt sich allerdings nur auf die physische Ebene. In anderer Hinsicht sind wir sehr verschieden.

Vor einigen Jahren erlernte ich die Technik der Astralprojektion. Ich tat dies vor allem, weil ich einmal irgendwo hin reisen wollte, wo ich eben kein Zwilling war. Anfangs funktionierte das wunderbar – bis ich den Astralsex entdeckte.

Es ist schrecklich. Obwohl ich meine astralen Aktivitäten geheim halte, taucht alles, was ich in sexueller Hinsicht auf der Astralebene unternehme, in den Träumen meines Zwillingsbruders auf. Natürlich ruft dies eine Menge Spott und Neugier hervor.

Warum erhält mein Zwillingsbruder all diese Informationen? Und was kann ich dagegen tun?

ANTWORT: Der Grund liegt vermutlich darin, dass Sie beim Astralsex mehr grobe Astralsubstanz brauchen als bei anderen Aktivitäten. Daher kann Ihr Zwillingsbruder, der Ihnen ja auf der gröberen, materiellen Ebene stark gleicht, während des Schlafes die dichteren Formen der Astralprojektion eher aufnehmen als die feineren.

Wie auch immer: Die telepathische Kommunikation zwischen Zwillingspaaren ist ein bekanntes und sehr reales Phänomen, das sich leider nicht abstellen lässt. Sie müssen vielmehr versuchen, die Aufmerksamkeit Ihres Zwillingsbruders auf interessantere Dinge zu lenken.

Häufig besteht der wirksamste Umgang mit einem Problem eben darin, just das Gegenteil von dem zu tun, was man eigentlich möchte. Genau das macht das Problem aus. Warum also ändern Sie nicht Ihre Haltung (die ohnehin nicht die gewünschten Ergebnisse bringt) und bringen Ihrem Zwillingsbruder ebenfalls bei, wie man astral reist? Dann können Sie gemeinsam Ihren Körper verlassen. Da Sie jedoch auf geistiger und emotionaler Ebene so anders sind, werden Sie sich trennen, sobald Sie die

Astralebene erreicht haben, damit jeder seinen eigenen Abenteuern nachgehen kann.

Vielleicht finden Sie es ja sogar lustig, sich hinterher darüber auszutauschen.

Liebe, Tod und die astrale Welt

Frage: Können mein Partner und ich hoffen, als Liebende auf der Astralebene vereint zu bleiben, wenn unsere irdische Hülle stirbt?

Antwort: Wenn Sie und Ihr Partner sich wahrhaft lieben, dann sind daran weit höhere psychische Ebenen beteiligt als nur die astrale. Dies eröffnet Ihnen noch weit schönere Möglichkeiten, als Sie sie in Ihrer Frage andeuten.

Das mag paradox klingen, ist es aber nicht. Die Natur der Astralwelt sorgt dafür, dass nichts, was sie enthält, stabil ist bzw. bleibt. Obwohl wir auf astraler Ebene immer wieder denselben Menschen oder Ort besuchen, ist es doch einzig unser Wille oder der der anderen Person, der dieser astralen Erfahrung die gewünschte Stabilität verleiht.

Sie und auch Ihr Partner werden sich – wie alle anderen Wesen – mit Sicherheit weiter entwickeln. Da jedoch die höheren Schichten beider Personen beteiligt sind, gibt es eine Menge spannender und wertvoller Dinge, die ein Liebespaar wie Sie auf der Astralebene teilen kann. Und die Zeit, die Sie dort miteinander verbringen, lässt sich nach irdischen Maßstäben ohnehin nicht messen.

Dieser Idealzustand kann also durchaus eintreten. Möchten Sie jedoch eine weniger hochgeistige Begründung, dann machen Sie sich eines klar: Trotz der Tatsache, dass die Astralwelt sich ständig verändert (was wir mit unserem ätherischen Bewusstsein wahrnehmen können), gibt es auch dort eine verborgene Schicht, die alles enthält, was je war. Wie die Jahresringe eines Baumstammes seine ganze Erfahrung in komprimierter Form enthalten, bleibt jedes Detail der Geschichte (des Baumes, des Individuums, der Welt) erhalten und trägt zum Gesamtbild bei.

Wenn Sie Ihr gegenwärtiges Leben betrachten, so lässt sich doch mit Sicherheit sagen, dass Sie und Ihr Partner heute andere Menschen sind, als Sie es wären, wenn Sie einander nie begegnet wären. Diese Tatsache bleibt bestehen, ganz egal was geschieht. Sie hat Ihrer beider Leben bereits geprägt.

14

Heilung auf astraler Ebene

Jede Art der Heilung beginnt auf der astralen Ebene. Streng genommen setzt die Heilung natürlich auf höheren Ebenen ein, doch auf die Astralebene können wir uns begeben, um zu helfen. Und zwar aus zwei Gründen: Zum einen ist die astrale Ebene das Bindeglied zwischen der geistigen bzw. spirituellen Welt und der Materie. Zum anderen sind die emotionalen und instinktiven Anteile des Kranken auf der Astralebene beheimatet, ja machen sie aus. Und gerade diese spielen beim Heilungsprozess eine entscheidende Rolle.

Also können wir auf der Astralebene den Heilungsprozess wirkungsvoll *unterstützen*. Ich sage das nicht, um die Astralebene abzuwerten oder den Astralheiler auf den Boden der Tatsachen und gesetzlichen Vorschriften zurückzuholen. Niemand, auch nicht der höchstqualifizierte Arzt, kann mehr tun, als eine Heilung anzustoßen, da diese aus den Tiefen der physischen und nicht physischen Ebenen des Kranken selbst kommen muss.

Geben und Nehmen

Unsere Hilfe besteht im Wesentlichen aus zwei Vorgängen. Wir können dem Kranken etwas *abnehmen*, was ihn belastet. Oder wir können ihm etwas *geben*, was er braucht.

Gerade Letzteres ist die Domäne des geistigen Heilers, da es ein Geschenk gibt, das jedem willkommen ist, ob er nun an einem gebrochenen Bein oder einer chronischen Depression leidet: Energie.

Dieser Zuwachs an Energie erlaubt dem Kranken auch, sich dem restlichen Teil des Heilprogramms zu stellen – dem Abbau von allem, was seine Heilung verhindert. Auch hier gibt es vieles, was der geistige Heiler tun kann, vor allem wenn er sich auf der Astralebene zu bewegen weiß.

Dem Empfänger Bescheid sagen

Ein Mensch, für dessen Wohlergehen Sie auf der astralen Ebene arbeiten möchten, muss dies wissen. Das bedeutet nicht, dass Sie dieser Person sagen müssen, wie Sie vorgehen, das heißt dass Sie Ihren Körper verlassen, um Hilfe zu leisten. Natürlich können Sie das auch mitteilen, wenn Sie die andere Person für ausreichend offen halten. Ansonsten sagen Sie dem Betreffenden einfach, dass Sie zu einer bestimmten Zeit an ihn denken oder im Geiste bei ihm sein werden. Viele Menschen sagen dies einfach so dahin, vergessen aber, was ursprünglich damit gemeint war. Möglicherweise bietet Ihnen das die Gelegenheit, Ihrem Freund Dinge nahe zu bringen, die ihm Hoffnung geben können.

Sie sollten immer darauf hinweisen, welche Absicht Sie mit Ihrem Tun verfolgen. Das zeugt nicht nur von guten Manieren und einer einwandfreien Ethik. Auf diese Weise geben Sie dem Kranken auch Gelegenheit, Ihre Absicht mitzutragen, sich darüber zu freuen und Mut daraus zu ziehen.

Dass Sie den Kranken besuchen, wenn er schläft, spricht nicht dagegen. Schließlich schläft nur der physische Körper. Die Psyche, der gesamte nicht materielle Teil der Seele, ist wach, und zwar auf jeder Ebene in einer anderen Weise.

Daher gibt es auch keinen Grund, den Zweck Ihrer astralen Arbeit nur solchen Kranken mitzuteilen, die so weit bei Bewusstsein sind, dass Sie Ihnen ihr Einverständnis signalisieren können.

Auch Menschen im Delirium oder im Koma nehmen auf, was Sie sagen. Einem Studierenden der astralen Welten sollte dies immer bewusst sein.

Und wenn jemand sich weigert?

Tatsächlich gibt es auch diesbezüglich kein Problem, wenn Sie die positive Seite betrachten: Sie geben dem Betroffenen die Möglichkeit, an dem, was Sie für ihn tun wollen, teilzuhaben. Denn auch wenn Sie zum Wachbewusstsein nicht durchdringen, so können Sie doch andere Schichten ansprechen, den »Tiefengeist« des Unbewussten zum Beispiel, was für die Heilung ja noch viel wichtiger sein kann. Und wenn Sie den Kranken tatsächlich überhaupt nicht erreichen können, dann haben Sie durch den Versuch ja nichts verloren.

Trotzdem gibt es einige seltene Fälle, in denen die Betroffenen Hilfe auf dem astralen Weg ablehnen. Manche denken, dies richte sich gegen ihren Glauben, andere haben eine irrationale Angst vor allem Paranormalen, um sich nicht damit auseinander setzen zu müssen, dass es solche Dinge nun einmal gibt. Wieder andere glauben, dass sie später nur mehr leiden müssten, wenn sie ihr Leid jetzt abmildern.

Natürlich können Sie in solch einem Fall mit den Betroffenen reden. Trotzdem ist eines wichtig: Letztlich zählt nur der Wille des Kranken.

»Aber jemand, der sich im Koma oder im Delirium befindet, kann ja nicht Nein sagen, auch wenn er es wollte«, mag mancher von Ihnen jetzt einwenden. Das stimmt wohl. Aber in den meisten Fällen wollen diese Leute auch gar nicht Nein sagen. Manchmal wird das Wachbewusstsein einfach zur Seite geräumt, damit die instinktiven Kräfte des Lebens eingreifen und die Heilung vorantreiben können. Doch es gibt auch Fälle, in denen Personen, die nicht bei vollem Bewusstsein sind, Ihre Hilfe ablehnen. Sie merken dies daran, dass sie sich innerlich verkrampfen, wenn

Sie sich ihnen auf astralem Wege nähern. Das hat dann Gründe, die Sie einfach akzeptieren müssen. Sie können in solchen Fällen nicht mehr tun als Ihre Pflicht.

Besuch von der Astralebene

Nehmen wir einmal an, Sie hätten die ganzen Vorbereitungen hinter sich gebracht und machten sich nun auf den Weg, um einem kranken Freund über die Astralwelt Heilung zu bringen. Für die Entwicklung der Heilwirkung (und für viele andere Dinge) ist es am besten, wenn Sie das nachts tun. Wenn der Betreffende schläft oder zumindest leicht schläfrig ist, tritt die instinktiv-emotionale Seite der Psyche in den Vordergrund, die ja zur astralen Welt gehört. Das vereinfacht Ihre Aufgabe erheblich. Außerdem wird der Kranke nachts, vor allem nach Mitternacht, kaum noch von Besuchern aus Fleisch und Blut abgelenkt.

Als astraler Besucher werden Sie Ihren Freund so sehen, wie Sie es täten, wenn Sie jetzt bei Tageslicht ins Zimmer träten – mit einem Unterschied: Liegt der Raum im Dunkeln, können Sie trotzdem klar sehen, obwohl Sie wissen, dass es dunkel ist. Wollen Sie allerdings feststellen, was Ihrem Freund fehlt, müssen Sie sehen, was sich unter der Oberfläche abspielt.

Selbst genau nachsehen

Vermutlich wissen Sie schon vorher, woher das Problem kommt. Das erleichtert Ihnen zwar die Sache, trotzdem sollten Sie die eigene Sicht auf astraler Ebene nicht vernachlässigen.

Dieser Vorgang lässt sich gar nicht hoch genug veranschlagen. Sogar wenn Sie sicher wissen, dass Ihr Freund eine Sehnenzerrung hat, ein gebrochenes Bein, einen Blinddarmdurchbruch oder was auch immer, sollten Sie doch selbst möglichst genau nachsehen.

Die Innensicht

Bei der astralen Wahrnehmung geht es, wie bei so vielen anderen Dingen astraler Natur, in erster Linie um unsere Aufmerksamkeit. Darin liegt eine gewisse Ähnlichkeit mit dem physischen Sehen und unserer Alltagserfahrung begründet. Bei beidem spielt die Aufmerksamkeit eine große Rolle.

Wenn Sie sehen wollen, ob ein Fenster sauber ist, richten Sie den Blick auf das Glas. Geschieht in diesem Moment vor dem Fenster etwas, dann kann es passieren, dass Sie dies gar nicht merken. Sehen Sie hingegen nach draußen, dann achten Sie nicht auf Schlieren am Fenster, weil Ihnen diese nicht wichtig sind.

Daher versuchen wir zunächst immer, das Äußere des Kranken einzuschätzen, wie wir dies auch täten, wenn wir in unserem physischen Körper steckten. Auf der Astralebene jedoch können wir durch das »Fenster« des Äußeren blicken und die Organe, Knochen und Muskeln im Körperinneren wahrnehmen. Auch der Kreislauf und das Lymphsystem sind für uns deutlich sichtbar.

Haben Sie erst herausgefunden, wo das Problem nun genau sitzt, können Sie daran arbeiten.

Was Sie wirklich tun

Sie werden den Eindruck haben, wirklich »am Körper« Ihres Freundes zu arbeiten: an den Nerven, den Muskeln, am Herzen, am Magen und so weiter. Tatsächlich aber wirken Sie auf die zugrunde liegende Astralsubstanz ein, die den Körper durchzieht und ihn am Leben erhält. Das sollte Sie nicht weiter stören oder gar am Handeln hindern. Sie sollten nur wissen, weshalb Ihr Tun Wirkung zeitigt.

Ein Beispiel: Stellen Sie sich vor, es geht um einen komplizierten Knochenbruch, bei dem die Bruchstelle zersplittert ist. Mit den Händen Ihres Astralkörpers können Sie nun die Splitter zusammensetzen und den Knochen in seine ursprüngliche Form bringen. Dann lassen Sie Astralsubstanz aus den Fingerspitzen austreten, laden diese mit heilender Energie auf und verkleben so die aneinander gefügten Fragmente. Am Ende formen Sie aus der Astralsubstanz noch eine Hülle, mit der Sie den Bruch bedecken.

Am Ende kehren Sie zur äußeren Seite des Körpers zurück. Streichen Sie die Stelle glatt, an der er verletzt ist, dann bitten Sie den Schlafenden, sich im Schlaf zu erholen und am Morgen frisch und ausgeruht zu erwachen.

In den meisten Fällen braucht der physische Körper ein wenig Zeit, um die Veränderungen seiner astralen Grundform nachzuvollziehen, aber Sie haben ja schließlich gute Vorarbeit geleistet. Wie Sie vielleicht bemerkt haben, gibt es noch eine weitere Astralform des Körpers auf einer höheren Schwingungsebene. Sie ist von der Krankheit nicht betroffen. Nach diesem Muster, der astralen Matrix, richtet sich der heilende Körper aus. Ihre Hilfe trägt dazu bei, dass er diesem Modell so nahe wie möglich kommt.

Vermutlich ist Ihnen bereits klar, dass Sie mit der Astralsubstanz nicht den physischen Knochen »geklebt« haben, auch wenn es das ist, was Sie Ihre Astralhände tun sahen. Sie haben an der Astralsubstanz Ihres Freundes gearbeitet, wo Sie mit dem physischen Knochen verbunden war. Diesen erdnahen Teil der Astralsubstanz haben Sie wieder in Form gebracht. Sie haben ihm Astralsubstanz und Energie geschenkt und ihn dann mit den besten Wünschen versehen. All das sollte eine schnelle, natürliche und gesunde Heilung der Verletzung vorantreiben.

Wie gehe ich mit Infektionen um?

Wie erkennt man eine Infektion auf der Astralebene? Wenn Sie eine gut entwickelte ätherische Wahrnehmung haben, können Sie sie sogar erkennen, ohne Ihren Körper verlassen zu müssen.

Die Infektion gehört nicht zum Astralwesen des Kranken, daher erscheint sie im Allgemeinen als trüber Nebel, der den betroffenen Körperteil umhüllt. Ein Virus oder eine andere Infektionskrankheit, die den ganzen Körper betrifft, zeigt sich gewöhnlich als Nebelschleier von düsterer grauer Farbe, der mehr oder weniger die gesamte Gestalt umfängt, auch wenn er an der einen oder anderen Stelle besonders deutlich hervortritt. Das hängt ganz von der Natur der Erkrankung ab.

Die Farben solcher »Infektionsnebel« sind meist schmutzig trüb: bläuliche oder gelblich schimmernde Schlammtöne, durch Braun und Grau getrübtes Rot bzw. Grün. Das liegt daran, dass die von der Infektion produzierten Gifte den Energiehaushalt des Kranken durcheinander bringen.

Wenn Sie sich für diese Dinge interessieren, werden Sie bald herausfinden, dass gewisse Farben Ihnen immer bestimmte Krankheiten signalisieren. In dieser Hinsicht allerdings unterscheiden sich die Beobachtungen erheblich. Daher sollte man nicht von der Allgemeingültigkeit der eigenen Wahrnehmung ausgehen, auch wenn diese Farbmuster für die eigene Arbeit sehr wertvoll sind.

Seltsamerweise erscheinen diese trüben Wolken auch, wenn negative seelische Einflüsse sich bemerkbar machen, zum Beispiel wenn ein Mensch einen anderen unbewusst wütend oder depressiv macht. Dann erscheinen diese trüben Flecken im Astralleib über dem Gesicht des Betroffenen oder über seinem Solarplexus. Auch hier ist klar zu sehen, dass die Flecken nicht zur Astralsubstanz des Kranken gehören.

Doch wo immer diese Trübungen auch herkommen mögen, wir brauchen auf jeden Fall eine Technik, mit der sie sich wirkungsvoll vertreiben lassen.

Die Arbeit mit der astralen Matrix

In diesem Fall arbeiten Sie (ob im Körper oder außerhalb, wobei die Technik in letzterem Fall besser funktioniert) an der astralen Erscheinungsform eines solchen Phänomens, um es zu ändern, sodass es letztlich auch zu einer Änderung auf der materiellen Ebene kommt.

Tatsächlich gibt es zwischen den genannten seelischen Störungen und den Infektionskrankheiten, die auf astraler Ebene so ähnlich auftreten, gewisse Ähnlichkeiten. Wie wir wissen, rufen weder Mikroben noch Viren notwendigerweise eine Infektion hervor. Das liegt keineswegs nur an dem mangelhaften Schutz, den uns das körperliche Immunsystem manchmal bietet. Jemand, der normalerweise ohne Probleme im Bus zwischen lauter schniefenden Personen steht, ohne sich anzustecken, wird sofort vom Grippevirus niedergestreckt, wenn er zuvor starkem Stress ausgesetzt war oder einen emotionalen Schock erlebte.

Dasselbe gilt für Unfälle, denen Freud nicht von ungefähr die umstrittene Komponente zuschrieb, die in der persönlichen »Zustimmung« zum Geschehen und einem unbewussten Herbeiführen der entsprechenden Umstände besteht. Jungs Vorstellung von der Synchronizität, dem scheinbar zufälligen Zusammentreffen innerer und äußerer Ereignisse, und unser Wissen über das Phänomen der Psychokinese, bei dem durch schiere Geisteskraft Gegenstände bewegt werden, liefern Erklärungen, die auf einer höheren Ebene ansetzen. Nicht immer stimmen die Wünsche, die wir bewusst als solche erkennen, mit denen unseres Unbewussten überein. Aus diesem Grund sollte der Kranke seinen positiv formulierten Wunsch nach Ganzheitlichkeit für sich ausarbeiten und ihn nach Möglichkeit auch laut aussprechen.

Die trüben astralen Wolken, die man bei körperlichen und psychischen Krankheiten mitunter wahrnimmt, stellen eine sehr reale Bedrohung dar, der wir auf nicht materiellem Wege begegnen müssen. (Natürlich gibt es keinen Grund, weshalb der Kranke nicht auch auf materieller Ebene Hilfe erhalten sollte. Wir sind hier ja nicht angetreten, um Beweise für die Kraft der übersinnlichen Hilfe zu erbringen. Alles, was zählt, ist die Wiederherstellung der Gesundheit und des Wohlergehens der betroffenen Person. Welche Mittel dazu verwendet werden, ist nicht von Belang.)

Wir können die astralen Wolken daher als Krankheitssymptome an sich sehen, die behandelt werden müssen. Dabei gibt es verschiedene Möglichkeiten, sie aufzulösen oder zu verwandeln. Ich möchte Ihnen ganz besonders die folgende Methode ans Herz legen, weil sie sehr wirkungsvoll ist, obwohl dazu keine besonderen paranormalen Kräfte vonnöten sind.

Sich auf eine Erscheinung konzentrieren

- Es geht hierbei darum, bestimmte Erscheinungen vor Ihrem geistigen Auge zu erwecken und diese so lebhaft wie möglich Gestalt annehmen zu lassen.
- Sie stellen zwischen diesen Erscheinungen eine Beziehung her.
- Dann lassen Sie alles in Bewegung geraten.
- Wenn Sie fest entschlossen sind, die Dinge auf eine bestimmte Art und Weise zu sehen, können Sie die Substanz der Astralwelt nach Ihren Wünschen formen. *Hier ist Ihre persönliche Schöpferkraft am Werk.*
- Diese Veränderung in der Astralwelt strahlt auf die irdische Ebene aus und verändert dort die entsprechenden Teile der materiellen Welt. *Hier ist die »Ursachenfunktion« des astralen Lichts am Wirken.*
- Alles, was Sie dabei tun, wird von den bekannten Gesetzen der astralen und okkulten Welt gesteuert.

Das reine Licht – Methode 1

Wenn man sich im Körper befindet

1. Führen Sie die *Grundtechnik* aus.

2. Konzentrieren Sie sich eine Weile auf die Unternehmung, die Sie vorhaben.

3. Betrachten Sie den Menschen, dem Sie helfen wollen. Achten Sie vor allem auf Beschaffenheit und Lage der Wolken, die eine Infektion oder Erkrankung anzeigen.

4. Nun visualisieren Sie über Ihrem Kopf eine Kugel aus strahlend weißem, brennend heißem Licht. Machen Sie sich bewusst, dass dieses Licht in all Ihrer Heilarbeit durch Sie hindurch wirkt.

Wenn Sie das in dieser Form akzeptieren können (Es ist Realität.), dann ist das wunderbar. Es kann aber auch sein, dass Sie das Licht einer Idee zuordnen müssen, um den Vorgang glauben zu können. Nennen Sie es zum Beispiel die »Sonne der Spiritualität« oder das »Göttliche Licht«. *Die Arbeit, die Sie hier vornehmen, geht nicht von Ihrem persönlichen Selbst aus. Machen Sie sich dies unmissverständlich klar.*

5. Nachdem Sie das Göttliche Licht auf diese Weise in Ihrem Bewusstsein verankert haben (Vielleicht spüren Sie ja eine plötzliche Freude angesichts seiner unglaublichen Schönheit!), wenden Sie sich wieder dem Menschen zu, dem Sie helfen wollen.

Richten Sie Ihren Blick fest auf die Stelle, an der das astrale Licht trüb geworden ist. Gibt es mehrere Stellen, an denen dies der Fall ist, fangen Sie mit der größten an, weil dort die Hauptquelle der Krankheit sitzt. Konzentrieren Sie sich auf Ihre astralen Fähigkeiten, sodass Sie das Problem möglichst klar erkennen.

Dann befehlen Sie der trüben Stelle, sich im Gegenuhrzeigersinn zu drehen. Denken Sie daran: Sie wirken auf das Bild ein, um auf diese Weise die Realität zu beeinflussen. Konzentrieren Sie sich währenddessen auf das strahlende Licht.

6. Lassen Sie die trübe Stelle schneller und schneller kreisen. Dabei breitet sie sich aus und verliert zunehmend an Dichte. Mehr und mehr hebt sie sich vom Kranken ab.

7. Die trübe Stelle dreht sich immer weiter und hebt sich zuerst nur an einzelnen Punkten ab. Doch schließlich schwebt sie, losgelöst von der Astralsubstanz des Kranken allein im Raum, bevor sie von der brennenden Stärke des weißen Lichts aufgesogen wird.

Die trübe Wolke leuchtet kurz auf und verbrennt dann im weiß glühenden Ball, ohne Rückstände zu hinterlassen. Das trübe Licht wird von der strahlenden Kugel vollkommen aufgesogen. Dort wird es gereinigt und in pure Energie zurückverwandelt. Frei von allen Befleckungen verbreitet es sich im Universum.

8. Nun richten Sie den Blick wieder auf den zu Heilenden. Die trübe Stelle sollte von seinem Körper verschwunden sein. Waren vorher noch kleinere trübe Flecken vorhanden, dann sind diese vielleicht vom größeren aufgesogen und bereits getilgt worden.

Ist dies nicht der Fall, dann können Sie einen weiteren Wirbel schaffen, der all die kleineren Trübungen in sich aufnimmt. Lassen Sie den Wirbel schneller und schneller kreisen, bis er sich in seine Einzelteile auflöst. Dann saugt das Göttliche Licht die Bruchstücke auf.

9. Nun müssen Sie Ihr Werk mit Licht besiegeln. Das geht folgendermaßen:

Richten Sie den Blick in Richtung Ihres Göttlichen Lichts. Atmen Sie tief ein und nehmen Sie mit dem Atem einen Strahl glühend weißen Lichts in sich auf. Er wandert tief in Ihr Herz und segnet Sie.

Verweilen Sie einige Minuten lang so.

Dann lassen Sie die strahlende Kraft des Lichts durch Ihre Arme nach außen wandern. Es dringt durch Ihre Hände, die Sie über die Stelle halten, wo das Problem liegt (an der vorher die größte Trübung zu sehen war). Lassen Sie den machtvollen Strahl dort hineinfließen. Licht und Kraft breiten sich langsam von der Stelle aus, wo der Schmerz sitzt, bis die Gestalt, die vor Ihnen liegt, voller Licht und Energie ist.

10. Sprechen Sie jetzt diesen Segen:

Möge jeder Teil, jede Funktion dieses Menschen auf körperlicher und seelischer Ebene von göttlichem Licht durchdrungen und belebt werden. Möge die Harmonie des rechten Maßes sich ausbreiten und alles ins Gleichgewicht bringen, sodass weder Überfluss noch Mangel herrscht.

11. Schließen Sie, indem Sie die *Grundtechnik* ausführen.

Teilen Sie dem Kranken Ihre Erfahrung mit

Bei schweren Infektionen oder tief sitzenden Depressionen muss dieser Vorgang mehr als einmal ausgeführt werden. Erzählen Sie, soweit dies möglich ist, dem Betroffenen, was Sie in den verschiedenen Phasen tun. Fühlen Sie sich zu sehr abgelenkt, wenn Sie während der Sitzung sprechen, dann wählen Sie dafür einen anderen Zeitpunkt. Unmittelbar nach der Sitzung sollte der Betroffene allerdings schlafen.

Wenn Sie dem Kranken erklären können, was Sie für ihn tun, sollte er versuchen, Ihr Tun mit Visualisierung zu begleiten, indem er sich auf dieselben Dinge einstimmt wie Sie. Dann wird der Heilvorgang zu einer wunderschönen Zeremonie, die beiden gleichermaßen gut tut.

Wenn zwei Köpfe schon mehr zustande bringen als einer, gilt dies für zwei Herzen sicher noch mehr!

Wenn der Schläfer erwacht!

Wie ich bereits sagte, ist die oben stehende Übung für jene gedacht, die dabei den Körper nicht verlassen können oder wollen. Sie ist sehr wirkungsvoll und kann Kranken nachhaltig helfen. In dieser Form ist sie vor allem für all jene nützlich, die zwar helfen möchten, aber die Astralebene noch nicht bewusst erreichen können.

Beherrscht man jedoch die Technik der astralen Reise, dann ist die Anwendung des reinen Lichts noch viel effektiver. Da Sie dabei bereits auf einer Ebene der Wirklichkeit arbeiten, also nicht mehr »nur« visualisieren, können Sie sich Ihrer Wirkung auf den Kranken auch viel sicherer sein.

Wenn Sie das reine Licht auf astraler Ebene zur Anwendung bringen, sollte der Kranke am besten schlafen. Auf diese Weise dringen Sie leichter zu ihm durch und können ihn auf der Astralebene besser erreichen.

Sobald Sie diese Verbindung hergestellt haben und der Betreffende nicht mit Schock oder Verwirrung reagiert, steht die »Leitung«, auch wenn der Schlafende erwacht. Wenn das geschieht, bleiben Sie einfach auf der Astralebene und warten. Wenn der Kranke Sie bemerkt und Sie anspricht, antworten Sie nur astral. Beruhigt er sich dann wieder, schläft ein oder entspannt sich zumindest, können Sie weitermachen.

Zwischen den beiden Methoden gibt es ein paar kleine Unterschiede, der wichtigste aber ist, dass die astrale Erfahrung sehr viel stärker und intensiver ist.

Das reine Licht – Methode 2

Wenn man den Körper verlassen hat

1. Gehen Sie mit der von Ihnen bevorzugten Methode auf die Astralebene.

2. Suchen Sie dort den Betroffenen auf, und konzentrieren Sie sich in seiner Gegenwart eine Weile auf die Unternehmung, die Sie vorhaben.

3. Betrachten Sie den Menschen, dem Sie helfen wollen. Achten Sie vor allem auf Beschaffenheit und Lage der Wolken, die eine Infektion oder Krankheit anzeigen.

4. Nun visualisieren Sie über Ihrem Kopf eine Kugel aus strahlend weißem, brennend heißem Licht. Machen Sie sich bewusst, dass dieses Licht in all Ihrer Heilarbeit durch Sie hindurch wirkt. Es ist ein Zeichen für die Sonne der Spiritualität oder das Göttliche Licht.

Die Substanz der astralen Welt wird auf Ihre Gedanken reagieren und das Licht sich über Ihrem Kopf manifestieren. Wie stark es ist, hängt einzig und allein von Ihrer Schöpferkraft ab. Nehmen Sie sich also ausreichend Zeit, das Licht zu erschaffen und darüber zu meditieren, bis es für Sie zur glühenden, leuchtenden Wirklichkeit geworden ist.

5. Nachdem Sie das Göttliche Licht auf diese Weise in Ihrem Bewusstsein verankert haben und sich in seinem Strahlen sonnen können, wenden Sie sich wieder dem Menschen zu, dem Sie helfen wollen.

Richten Sie Ihren Blick fest auf die Stelle, an der das astrale Licht trüb geworden ist. Gibt es mehrere Stellen, an denen dies der Fall ist, fangen Sie mit der größten an, weil dort die Hauptquelle der Krankheit sitzt. Dann befehlen Sie der trüben Stelle, sich im Gegenuhrzeigersinn zu drehen. Konzentrieren Sie sich währenddessen auf das strahlende Licht über Ihrem Kopf.

6. Lassen Sie die Wolke schneller und schneller kreisen. Dabei breitet sie sich aus und verliert zunehmend an Dichte. Mehr und mehr hebt sie sich vom Kranken ab.

7. Die trübe Wolke dreht sich immer weiter und hebt sich zuerst nur an einzelnen Punkten ab. Doch schließlich schwebt sie ganz allein im Raum, bevor sie von der brennenden Stärke des weißen Lichts aufgesogen wird.

Sie wird ohne jeden Rückstand vom weiß glühenden Ball verbrannt. Dort wird das trübe Licht gereinigt und in pure Energie zurückverwandelt. Frei von allen Befleckungen breitet es sich nun im Universum aus.

8. Nun richten Sie den Blick wieder auf den zu Heilenden. Die Trübung sollte von seinem Astralkörper verschwunden sein. Waren vorher noch kleinere trübe Stellen vorhanden, dann sind diese jetzt vermutlich aufgesogen worden.

Ist dies nicht der Fall, dann schaffen Sie einen weiteren Wirbel, der all die kleineren Trübungen in sich aufnimmt. Lassen Sie ihn schneller und schneller werden, bis er sich auflöst. Die Bruchstücke werden sodann von der glühenden Sonne aufgesogen.

9. Nun müssen Sie Ihr Werk mit Licht besiegeln. Das geht folgendermaßen:

Richten Sie den Blick in Richtung Ihres Göttlichen Lichts. Atmen Sie tief ein und nehmen Sie mit dem Atem einen Strahl glühend weißen Lichts in sich auf. Er wandert tief in Ihr Herz und segnet Sie.

Verweilen Sie einige Minuten lang so.

Dann lassen Sie die strahlende Kraft des Lichts durch Ihre Arme nach außen wandern. Es dringt durch Ihre Hände, die Sie über die Stelle halten, wo das Problem liegt (an der vorher die größte Trübung zu sehen war). Lassen Sie den machtvollen Strahl dort hineinfließen. Licht und Kraft breiten sich langsam von der Stelle aus, wo der Schmerz sitzt, bis die Gestalt, die vor Ihnen liegt, voller Licht und Energie ist.

10. Sprechen Sie jetzt diesen Segen:

Möge jeder Teil, jede Funktion dieses Menschen auf körperlicher und seelischer Ebene von göttlichem Licht durchdrungen und belebt werden. Möge die Harmonie des rechten Maßes sich ausbreiten und alles ins Gleichgewicht bringen, sodass weder Überfluss noch Mangel herrscht.

11. Nun lassen Sie das Licht in der Kugel über Ihrem Kopf immer stärker werden, sodass Sie und der Kranke ganz in strahlendes Licht gehüllt sind. Beobachten Sie dann, wie das Licht schwächer wird und die Lichtkugel sich auflöst.

12. Kehren Sie in Ihren Körper zurück.

Tieferes Wissen erlangen

Was bislang gesagt wurde, macht deutlich, dass jeder Astralreisende bzw. jeder Mensch mit einer gut entwickelten ätherischen Wahrnehmung (auch wenn dieser bei der Heilarbeit in seinem Körper verbleibt) für Kranke eine Menge tun kann.

Wenn Sie sich wirklich dafür interessieren, sollten Sie es allerdings nicht dabei bewenden lassen.

Wissen, also das, was im physischen Gehirn seinen Ort hat, ist etwas sehr Nützliches, wenn wir es schaffen, es mit den tieferen Schichten unseres Selbst zu verbinden. Zu diesem Zweck sollten Sie über Heilansätze lesen, was immer Sie in die Finger bekommen können. Denken Sie über das, was Sie gelesen haben, intensiv nach. Machen Sie es sich zu Eigen. Verbinden Sie die Fakten mit anderen, die Ihnen auf Ihrem Lebensweg bereits begegnet sind.

Verschließen Sie Ihr Wissen nicht in Schubladen. Denken Sie mit, und schaffen Sie so viele Verbindungen wie irgend möglich zwischen all dem, was Sie wissen. Dadurch wird alles noch viel wertvoller. Auch ein Diamant funkelt schöner, wenn man ihm im Brillantschliff viele Facetten schenkt. Dann kann er das Licht besser auffangen und zurückwerfen.

Natürlich müssen Sie zuallererst *sehen* – ätherisch oder astral. Doch wenn Sie den Kranken mit einem Blick betrachten, der aus Wissen und tiefem Verständnis erwächst, ist Ihnen einfach klarer, was Sie sehen.

Gewisse anatomische Kenntnisse sind für diese Arbeit unverzichtbar. Auch eine gewisse Kenntnis der Heilmethoden kann von Nutzen sein. Lesen Sie Bücher über Osteopathie, Reflexzonentherapie und Ähnliches. Stellen Sie sich vor, wie Sie diese Techniken anwenden, und versuchen Sie so genau wie möglich, Sinn und Zweck Ihres Tuns zu verstehen.

Natürlich arbeiten Sie nicht am physischen Körper, aber je besser Sie diesen begreifen, desto leichter fällt Ihnen die Arbeit an seinem astralen Gegenstück. In manchen Fällen werden Sie das deutliche Gefühl haben, an der physischen Hülle zu arbeiten, doch wenn Sie innere Organe mit Astralsubstanz behandeln, ohne etwas zur Seite schieben oder gar aufschneiden zu müssen, wird Ihnen klar werden, dass manche Dinge auf der physischen Ebene gar nicht möglich wären.

Über guten Willen verfügen Sie bereits. Lassen Sie diesem auch Wissen und Verstehen folgen. Dann werden Sie den Heilungsprozess der Natur auf wunderbare Weise unterstützen können.

15

Ihr astrales Potenzial

Wenn wir in der astralen Welt reisen, genießen wir unsere Freiheit im Reich der Ideen.

Natürlich gibt es auch andere Methoden, mit deren Hilfe wir Einsicht in die Regionen gewinnen können, die hinter der materiellen Welt stehen: Kristallsehen, Meditation, bewusstes Träumen. Doch wenn wir uns bei vollem Bewusstsein in die Astralwelt begeben, erkennen wir wohl am genauesten, was dort vor sich geht. Außerdem lernen wir mit der Zeit, auch andere Sinne zu nutzen. Auf diese Weise können wir uns auch mit anderen (menschlichen oder elementaren) Wesen austauschen, die wir auf der Astralebene treffen, und so noch mehr erfahren.

Anfangs ist der Astralreisende meist so begeistert und erstaunt von den Wundern der astralen Welt, dass er die Beziehungen zwischen dieser und der materiellen Ebene der Wirklichkeit gar nicht bemerkt. Tatsächlich gibt es auch keine strenge Grenze zwischen den Welten. Sie stehen in ständigem Austausch miteinander. Bestimmte Objekte oder Ereignisse in der Astralwelt wirken sich *auf jeden Fall* auf der materiellen Ebene aus, andere tun dies *von Fall zu Fall*.

Mitunter müssen Dinge, die wir auf der Astralebene wahrgenommen haben, angepasst werden, um auf der physischen Ebene funktionieren zu können. Dann hat der Astralreisende (bzw. der »Seher«) das Vergnügen, der Welt eine Entdeckung bzw. Erfindung vorzustellen, deren Erfolg schon im Voraus gesichert ist. Mitunter macht er damit sogar satte Gewinne. Das liegt daran, dass diese Dinge, wenn sie aus der Astralwelt in die physische kommen, bereits eine starke Verbindung zu dieser Welt haben, die ein gewöhnlicher Erfinder oder Entdecker im Normalfall erst aufbauen muss.

Wie der menschliche Geist funktioniert

Die Astralobjekte und -ereignisse, die sich am leichtesten den Verhältnissen der materiellen Welt anpassen lassen, sind – was nicht weiter überrascht – die Werke menschlicher Geister. Dabei kann es sich um Menschen handeln, die bereits das Tor des Todes durchschritten haben und aus dem einen oder anderen Grund eine Pause in der Astralwelt einlegen. Oder um die machtvollen Imaginationen eines starken, kreativen Geistes, wie Künstler oder Wissenschaftler ihn aufweisen, die – mitunter unbewusst – in ihrer Vorstellungswelt oder ihren Träumen Eindrücke in der Astralwelt zurücklassen, die deutlich sichtbar und in gewisser Weise auch dauerhaft sind. Andere Erscheinungen, die sich leicht der Menschenwelt anpassen, stammen meist aus dem Reich der Natur. Dort sind – als Substanz oder Idee – geistige Eigenschaften gespeichert, die sich gleich auf mehreren Existenzebenen bemerkbar machen.

Ein Beispiel: Ein Mensch, der die astrale Wahrnehmung beherrscht, erkennt (sogar wenn er im Körper bleibt, obwohl die Vision außerhalb des Körpers viel klarer ist) die Fähigkeit mineralischer Substanzen (im Besonderen von Kristallen), Informationen zu empfangen und zu speichern, die von einem dementsprechend begabten Menschen »gelesen« werden können. Diese Informationen beeinflussen mitunter andere Menschen, ohne von diesen überhaupt wahrgenommen zu werden. Bewusste oder unbewusste Wahrnehmungen auf dieser Ebene mögen der Erfindung des Siliziumchips vorangegangen sein, dessen Botschaften von jedem Menschen empfangen werden können, der die nötige technische Ausstattung dafür besitzt. In gewisser

Weise haben die natürlichen Fähigkeiten dieses Minerals (aus dem der Quarz besteht) *tatsächlich* die Grundlage für die technologische Revolution der Computer gelegt. Die nicht materielle Matrix des mineralischen Stoffes, in der alle grundlegenden Eigenschaften gespeichert sind, hat sich auf den verschiedenen Ebenen des Daseins nur unterschiedliche Ausdrucksformen gesucht.

Der richtige irdische »Stoff«

Wenn Sie sich also auf Reisen befinden, sollten Sie auf jene Dinge achten, die es nur in der Astralwelt zu geben scheint. Die folgende Anpassung an die Verhältnisse der materiellen Welt hängt dann natürlich davon ab, ob sich auf der irdischen Ebene das »richtige« Material dafür findet, um das Konzept so zu verwirklichen, dass es den größten Nutzen bringt.

Vielleicht ist Ihnen schon einmal aufgefallen, dass Astralwesen nicht unbedingt Gewänder mit Knöpfen oder anderen Verschlüssen tragen, wenn sie nicht bestimmte »irdische« Gewohnheiten aufnehmen. Aber egal ob sie nun anliegen oder locker fallen, irgendwie scheinen sie immer haargenau die Figur ihres Trägers nachzuzeichnen und eine gewisse Eleganz zu vermitteln. Eine Prinzessin des 19. Jahrhunderts erreichte denselben Effekt, indem sie sich das Mieder von ihrer Kammerzofe vor jedem Ball auf den Leib nähen ließ. Natürlich musste es dann wieder aufgetrennt werden, wenn das Ereignis vorüber war. Dies galt damals selbst für eine Prinzessin als Beweis extremer Eitelkeit. Heute hingegen verfügen wir über Metall- und Kunststoffreißverschlüsse, mit deren Hilfe wir dieselbe elegante Linie bei gleichzeitiger höchster Bewegungsfreiheit schaffen können. Und diese Eigenschaften sind längst nicht mehr nur Ballkleidern vorbehalten, sondern haben sich mittlerweile auch auf Jacken und Blaumänner ausgedehnt.

Beobachten Sie

Die astrale Welt mit ihren ständig neuen Manifestationen von Ideen, Gedankenformen und Lebensenergien ist voll von wunderbaren Erscheinungen aus Licht, Farbe, Form, Klang, Textur und Duft. Sie müssen nur hinsehen, begreifen, untersuchen und nachforschen. Sie müssen darüber nachdenken, Ähnlichkeiten suchen und die große Linie entdecken.

Was aber, wenn Sie eine Idee oder eine Energieform gefunden haben, deren Weiterentwicklung Ihr persönliches Interesse weckt, und sie verändert sich plötzlich, wird zu etwas ganz anderem und erhält einen neuen Sinn, eine völlig neue Funktion?

Dann können Sie Ihre Forschungen natürlich fortsetzen. Sie können durchaus viele Einsichten gewinnen, die für Sie von bleibendem Wert sein werden. Doch das Endprodukt, das Sie entwickeln wollten, die materielle Verwirklichung, die Sie anstreben, könnte, wenn Sie daran festhalten, durch so eine Veränderung seine astralen »Wurzeln« verlieren. Das bedeutet, dass es vielleicht nicht den erwünschten Erfolg hat.

Und so hören Erfinder immer wieder den einen bekannten Satz: »Ja, hätten Sie diese Idee vor einem Jahr gehabt oder wenigstens noch vor ein paar Monaten. Aber jetzt ... Jetzt interessiert sich die Öffentlichkeit für ganz andere Dinge.«

Entschlossen handeln

Wie können Sie das vermeiden?

Wenn Sie astrale Erscheinungen auf der Ebene der materiellen Welt Wirklichkeit werden lassen wollen, müssen Sie zum einen schnell sein, zum anderen ein gewisses Feingefühl beweisen. Denken Sie immer daran, dass Sie selbst das astrale Objekt verändern, wenn Sie ihm Ihre Aufmerksamkeit widmen und es mit Ihren vorgefassten Ideen in Verbindung bringen. Der Physiker John Boslough schreibt im *National Geographic*: »Beobachtung beeinflusst die Wirklichkeit nicht nur, manchmal schafft sie sie geradezu ...« (Mai 1985)

In seinem Artikel geht es um das wissenschaftliche Beobachten und Messen von Licht, einem Phänomen, das – obwohl es eindeutig zu unserer materiellen Welt gehört, so viele Eigenschaften der Astralwelt teilt, dass wir diese häufig nur als »Astrallicht« bezeichnen. In der Physik wurde jahrzehntelang darüber diskutiert, ob Licht nun Teilchen- oder Wellencharakter habe. Man könnte daher annehmen, dass es ein wenig von beidem hat. Boslough allerdings bezieht sich hier auf die Tatsache, dass Sie – wenn Sie Licht als Teilchen betrachten – es auch als solches untersuchen und messen können. Es wird sich wie ein Teilchen verhalten. Betrachten Sie es hingegen als Welle, dann zeigt es Wellencharakter, das heißt es lässt sich wie eine Welle messen und verhält sich wie eine Welle.

Jung fasste vor vielen Jahren die These von der Beeinflussbarkeit der Welt sogar noch weiter. Er stellte fest, dass immer dann, wenn es zu einer neuen Hypothese kommt, die die Forschergemeinde in Aufregung versetzt, die Resultate der diesbezüglich angestellten Experimente – so objektiv sie auch gesammelt und festgehalten werden mögen – immer zu einem hohen Prozentsatz diese neue These belegen. Die gilt aber nur, solange der Enthusiasmus anhält. Dann steigt langsam der Prozentsatz der gegenteiligen Forschungsergebnisse. Der Enthusiasmus nimmt spürbar ab und die Statistik zeigt, dass die Pro-Resultate sich wieder dem Mittelwert zuneigen. Diese Erfahrungen machen fast alle Forscher, seien sie nun auf medizinischem oder technischem Gebiet oder anderweitig tätig.

Wenn man sich diese Fakten der materiellen Welt vor Augen führt, wird vermutlich schnell klar, wie viel Feingefühl für den Umgang mit der astralen Welt nötig ist. Aber Sie können natürlich auch entschlossen handeln, um diesen Dingen zuvorzukommen. Denn so wie die astrale Welt auf die materielle einwirkt, so wirken spirituelle und mentale Welt auf die Ebene des Astralen ein.

Im Folgenden finden Sie eine einfache Technik, die Sie nutzen können, um die astrale Wurzel Ihres Forschungs- und Entwicklungsprojekts auf der Astralebene zu festigen.

Wie man eine Erscheinung mit Licht auflädt

1. Wenn Sie bei Ihren Astralreisen einem Phänomen begegnen, das Sie besonders interessiert und das Sie in der materiellen Welt gerne entwickeln würden, weil Sie denken, es wäre sinnvoll und nützlich, dann platzieren Sie sich direkt gegenüber von diesem Objekt.

2. Lassen Sie geistig einen hellen, vibrierenden Lichtkreis um das Objekt entstehen. Im Stadium der Projektion können Sie diesen Kreis direkt erschaffen, dann stehen Sie seiner vollkommenen Form augenblicklich gegenüber. Er dient dazu, den Kräften, die Sie gleich in Bewegung setzen werden, einen Rahmen zu geben. Erschaffen Sie ihn also bereits im Hinblick auf diesen Zweck.

3. Richten Sie Ihre Aufmerksamkeit auf Ihr Kronenchakra. Die Lichtkugel schwebt direkt über Ihrem Kopf. Normalerweise ähnelt diese Lichtkugel der, die Sie für den doppelten Schutzkreis und für die Grundtechnik ins Leben rufen. Auf der Astralebene jedoch haben Sie auch Zugang zu ihrer astralen Entsprechung, dem Licht Ihres Höheren Selbst. Dieser Lichtkern, der selbst göttlicher Natur ist, stellt Ihre besondere Verbindung mit dem ewigen Licht des gesamten Universums dar.

4. Machen Sie sich dieses Licht bewusst. Spüren Sie sein grenzenloses Strahlen. Es sendet ein warmes, alles durchdrin-

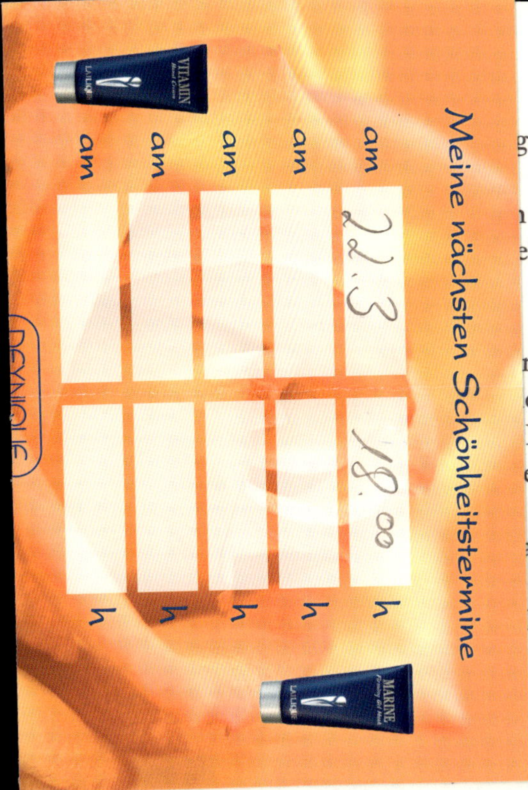

…gt und jede einzelne Faser

…Sie es ein. Spüren Sie, wie

…ein Segen, seine Liebe Sie

…rksamkeit wieder auf das

…chtkreis umgeben haben.

…Neugier. Machen Sie es zu

…es in Ihr Sein auf.

…are Licht, das Sie erfüllt,

…das davon hell, licht und

…Licht erfüllt, dass es selbst

…Lichtkreis aber nicht ver-

…wusstheit Ihrer Lichtnatur

…das Höhere Selbst Sie verlässt oder weniger wird. Doch da der Zweck, aus dem Sie das Licht in die Sphäre Ihres Bewusstseins holten, sich allmählich erfüllt, ist es nicht mehr nötig, es auf dieser Ebene festzuhalten. Das Licht geht auf den Inhalt des Kreises über.

Während dieser Übertragung sollten Sie im Geist oder auf der Astralebene folgende Worte äußern:

Mit dem Licht meines Höheren Selbst lade ich dieses Objekt (diese Manifestation, dieses Ereignis) auf, damit es meiner Arbeit, mit der ich es in die materielle Welt holen werde, als Wurzel dient.

7. Beobachten Sie eine Weile den lichterfüllten Inhalt des Kreises. Dann kehren Sie in Ihren physischen Körper zurück oder richten Ihre Aufmerksamkeit auf die anderen Wunder der Astralwelt, je nachdem was Sie noch vorhaben. Das Objekt, das Sie interessiert, haben Sie auf jeden Fall im Lichtkreis festgehalten. Sie haben ihm eine Realität und eine Zielrichtung gegeben, die über seine Existenz auf der astralen Ebene hinausreicht.

Wenn Sie in Ihren Körper zurückkehren, müssen Sie das Licht über Ihrem Kopf nicht »ausschalten«. Bleiben Sie jedoch auf der astralen Ebene, dann beobachten Sie, wie das Licht langsam kleiner wird und schließlich ganz verschwindet.

Ein wirklicher Held

Die Energiezentren, die Sie bei der Grundtechnik visualisieren, gehören zu Ihrem Astralkörper, sind jedoch nicht Teil Ihres astralen »Fahrzeugs«, des Lichtkörpers, mit dem Sie Ihr Bewusstsein in die außerkörperliche Erfahrung projizieren. Trotzdem können diese Zentren mithilfe des astralen Lichtkörpers leicht erweckt und mit Energie gefüllt werden. Die Technik ähnelt der, die wir beim Aufladen eines Gegenstands mit Licht verwenden.

Die astrale Lichthülle besteht aus der Substanz Ihres Astralkörpers. Was die Sinneswahrnehmung betrifft, so ist sie diffus über die gesamte Hülle verteilt. Die Hülle hat also weder Augen noch Ohren noch andere Organe. Sie können Ihre Fähigkeiten mit jedem Teil der Hülle ausüben, aber wenn Sie ein bisschen üben, können Sie Ihre astrale Hülle bald benutzen wie Ihren physischen Körper.

Sie gewöhnen sich also daran, Ihre Wahrnehmungsfähigkeiten zu nutzen, als wären Sie in Ihrem physischen Körper, wenn Sie in Ihrer astralen Hülle sind. (Im Anfangsstadium der Astralprojektion kann es vorkommen, dass Sie »Ihre Augen öffnen« müssen, um wirklich sehen zu können.) So können Sie natürlich auch Ihre astralen Fähigkeiten stärken, indem Sie bestimmte Übungen machen, während Sie auf Reisen sind.

So sollten Sie beispielsweise die Übung der Grundtechnik auch auf die Astralebene ausdehnen: Erwecken Sie die Energiezentren, lassen Sie die Lichtsäule entstehen, hüllen Sie sich in den goldenen Schimmer Ihres Herzzentrums. Diese Erfahrung ist letztlich ganz anders als diejenige bei einer Visualisierungsübung, während derer Sie in Ihrem physischen Körper bleiben.

Ihre Gedanken werden auf der Astralebene nämlich unmittelbar Wirklichkeit, eine Wirklichkeit, die Sie sofort sehen und überprüfen können. Das lebendige Licht, der astrale Glanz, umfängt Sie dann in Realzeit.

Wenn Sie die Grundtechnik auf astraler Ebene ausführen, stärken Sie damit Ihre astralen Fähigkeiten. Die Verbindung zwischen Ihrem Astralkörper und Ihrer projizierten Hülle wird intensiver. Das verstärkt den Informationsfluss über die Silberschnur. Dies ist nützlich, wenn Sie bei bestimmten Gelegenheiten auf ganz bestimmte »Speichereinheiten« in Ihrem Wissensschatz zurückgreifen müssen, vor allem wenn Sie vorher den festen Beschluss fassen, dieses Wissen abzurufen.

Sie haben vielleicht schon festgestellt, dass es zur Gewohnheit werden kann, die astrale Hülle in menschlicher Form erstehen zu lassen. Diese Übung gibt Ihnen die nötigen Mittel an die Hand, aus dieser Gestalt einen wirklichen Helden zu machen. Sie können jede Art von Heiltätigkeit durch die Energien der Zentren verstärken, was Ihnen unmöglich wäre, wenn Sie an die dichte Materie des Körpers gebunden wären.

16

Geführte Projektion

Eine andere Person aus dem Körper heraus zu geleiten, sei es nun einen Freund, den Partner oder einen Schüler der okkulten Techniken, ist eine Methode der Astralprojektion, von der man zwar viel hört, die jedoch selten wirklich praktiziert wird. Nichtsdestotrotz handelt es sich dabei um einen durchaus sinnvollen Weg, wenn bestimmte Grundvoraussetzungen gegeben sind.

Zum einen müssen Sie, wenn Sie jemand anderen auf diese Weise in die astrale Welt einführen wollen, selbst eine gewisse Fertigkeit auf dem Gebiet der Astralreise besitzen. Wenn Sie der anderen Person gegenüber auf der astralen Ebene nicht klar präsent sein können und noch keine bewusste Kontrolle über all Ihre geistigen Kräfte bzw. Ihre astrale Wahrnehmung erlangt haben, sollten Sie nicht versuchen, jemand anderen auf die Astralebene zu bringen. Darüber hinaus muss der Mensch, der diesen Sprung machen möchte, auf das, was ihn erwartet, vorbereitet sein und dies wirklich wollen. Dazu ist eine Art astrales Trainingsprogramm nötig.

Der Geführte muss theoretisch zumindest mit folgenden Schritten vertraut sein:

- dem *doppelten Schutzkreis*,
- der *Grundtechnik* (der oben beschriebenen Methode zur Erweckung der Energiezentren des Astralkörpers und zur Verstärkung des Zusammenspiels zwischen den Ebenen der Psyche),
- den Methoden, mit denen Astralsubstanz wahrgenommen, geformt und wieder aufgenommen wird (siehe dazu die Übungen *Das erste Spiel*, *Die Lichtkugel bilden* und *Segenswünsche schicken*),

- den Techniken zum Aussenden, Zurückrufen und Lesen eines astralen Wächters,
- dem Lesen des aktiven Wächters und
- den verschiedenen Techniken der Astralprojektion:
  1. Aufstehen
  2. Perspektivenwechsel
  3. Aussenden
  4. Herumdrehen.

Motivation

Natürlich muss man sich fragen, welche Motivation beide Seiten bei so einem Unternehmen haben. Das kann der Wunsch eines Liebenden sein, mit seinem Partner auf der Astralebene zusammen zu sein, um miteinander eine Nähe zu teilen, die auf der irdischen Ebene so nicht möglich wäre. Oder dem zweier Freunde, miteinander auf Abenteuerfahrt zu gehen und gemeinsam astrale Entdeckungen zu machen. Vielleicht will ein Mensch, mit dem Sie schon jahrelang ihre astralen Erfahrungen teilen, endlich auch auf diese Ebene vordringen, und Sie persönlich sind davon überzeugt, dass er dies verdient hat. Sind beide Seiten ausreichend motiviert, dann steigen die Chancen, jemand anderen erfolgreich aus seinem Körper zu geleiten.

Die Entscheidung

Ein Mensch, der Ihre Hilfe braucht, um aus seinem Körper zu kommen, muss sich von Anfang an bewusst und mit Hingabe darum bemüht haben, außerkörperliche Erfahrungen zu machen. Er muss sich allen vorbereitenden Übungen bewusst und eifrig gewidmet haben, um dieses Ziel aus eigener Kraft zu erreichen.

Jemand, der bereits im Frühstadium seiner astralen Studien beschließt, dass ihm dies alles viel zu anstrengend ist, der allen persönlichen Bemühungen aus dem Weg geht, weil man ja schließlich auch von einem versierten Reisenden auf die Astralebene gebracht werden kann, ist kein guter Kandidat für dieses Experiment.

Doch die Entscheidung, jemand anderem auf die Astralebene zu verhelfen, hängt nicht nur von der guten Vorbereitung des Geführten ab. Lehrer und Schüler müssen sich auch gemeinsam der astralen Arbeit gewidmet haben. Zwischen den Liebenden, die ihre Liebe auch auf der Astralebene ausdrücken wollen, muss genügend Energie fließen, die *jetzt* nach astralem Ausdruck strebt. Wenn Sie einen Freund auf die Astralebene geleiten wollen, müssen Sie davon überzeugt sein, dass es *berechtigt* ist, wenn er seine Bemühungen um die Astralebene mit einer lebendigen Erfahrung krönen möchte. Manche Menschen haben bei ihren astralen Studien sofort Erfolg, andere bemühen sich jahrelang ohne großes Resultat. Ihre Bemühungen können diesen Menschen Bereicherung schenken. Möglicherweise machen sie sogar vergleichsweise viele unwillkürliche Astralerfahrungen, doch aus irgendeinem Grund schaffen sie es einfach nicht, die Technik der Astralreise bewusst und kontrolliert anzuwenden, sodass sie willentlich ihren Körper verlassen können. Daher kann es durchaus sinnvoll sein, jemandem zu helfen, endlich die Freiheit der bewussten Astralprojektion genießen zu können.

Besondere Umstände

Natürlich kommt es auch vor, dass ein anderer Mensch aus seinem Körper geholt werden muss, ohne dass er sich darauf vorbereiten konnte. In diesem Fall hat der Geführte es schwer, da er ja nicht weiß, wie er in seinen Körper zurückkehren und die psychischen Ebenen wieder ins Gleichgewicht bringen kann. Darüber hinaus hat er keinerlei Erfahrung in der Arbeit mit der Astralsubstanz. Für einen erfahrenen Astralreisenden ist es trotzdem möglich, mit einem absoluten Anfänger zu arbeiten, falls dies einmal nötig sein sollte. Dies kann beispielsweise der Fall sein, wenn nur eine astrale Erfahrung einem Menschen seinen Lebenssinn zurückzugeben vermag, sodass er künftig die Dinge unter einem neuen Blickwinkel sieht. Es kann auch vorkommen, dass der Lehrer aus Gründen, die mit früheren Inkarnationen zu tun haben, aufgerufen ist, dem Schüler dieses Geschenk zu machen. Im Allgemeinen allerdings ist es nicht empfehlenswert und auch nicht sinnvoll, einen unvorbereiteten Menschen aus dem Körper auf die Astralebene zu holen.

Die geführte Projektion

Der erfahrene Reisende

1. Sobald der erfahrene Reisende sich mit seinem Schützling auf einen Zeitpunkt geeinigt hat, zieht er den *doppelten Schutzkreis* und legt sich in seiner gewohnten Reisehaltung auf ein Bett oder eine Decke.

Der Geführte

2. Der Geführte zieht keinen Schutzkreis um sich. Er nimmt eine für sich bequeme Position zum Reisen ein und führt die *Grundtechnik* aus.

3. Der Geführte konzentriert sich auf die goldene Aura um den physischen Körper und stellt sich vor, er sei umhüllt von einem Bild seines Körpers aus silbergrauem Licht.

4. Der Geführte richtet nun seine Aufmerksamkeit auf den ihn umgebenden astralen Lichtkörper und seine goldene Aura, bis er sich beider vollkommen bewusst ist.

5. Dann schickt er sein Bewusstsein in dieses astrale Ebenbild seiner selbst. Die Aufmerksamkeit richtet sich nun nicht mehr auf den Körper, sondern auf die silbergraue Gestalt und ihre goldene Hülle.

Der erfahrene Reisende

6. Der erfahrene Reisende führt währenddessen die Grundtechnik aus und projiziert sein Bewusstsein auf die Astralebene, wie er dies gewohnt ist. Dann begibt er sich in seinem Lichtkörper zum Geführten.

Der Geführte

7. Der Geführte ist sich weiterhin des silbernen Lichtkörpers sowie der goldenen Aura bewusst und spricht eine positive Affirmation wie zum Beispiel:

Ich werde mithilfe von … volle und bewusste astrale Projektion erlangen.

Der erfahrene Reisende

8. Der geübte Reisende zieht auf der Astralebene den *doppelten Schutzkreis*, sobald er dort angekommen ist, wo der Geführte liegt.

9. Dann nähert er sich dem physischen Körper des Geführten und positioniert seine Lichthülle so, dass er horizontal über dem Geführten schwebt und ihm das Gesicht zuwendet.

10. In dieser Position spricht der erfahrene Reisende auf der Astralebene folgende oder ähnliche Worte (Er kann sie auch nur im Geist formulieren.):

Erwache zu höherem Leben, geliebter Mensch, und bereise mit mir die astrale Welt.

11. Dann erschafft der geübte Reisende eine Lichthülle, die beide horizontal umfasst und sich im Uhrzeigersinn dreht. In dieser Lichthülle greift der »Fachmann« nun mit seiner Astralhand nach der Hand des Geführten. Er kann ihn auch mit beiden Armen umfassen, wobei die eine Hand sinnvollerweise den Kopf stützt, die andere die Taille umfasst.

12. Dann wiederholt der geübte Reisende seinen Ruf:

Erwache zu höherem Leben, geliebter Mensch, und bereise mit mir die astrale Welt.

13. Dann bewegt der »Fachmann« sich vom physischen Körper des Geführten weg. Er steigt schnell nach oben und hält den anderen immer noch an der Hand bzw. im Arm.

14. Etwa 2,50 Meter über dem physischen Körper des Geführten lässt er die Hand dann los.

15. Nun wiederholt der geübte Reisende seinen Ruf ein drittes Mal:

Erwache zu höherem Leben, geliebter Mensch, und bereise mit mir die astrale Welt.

16. Nachdem beide dann eine gewisse Zeit auf der astralen Ebene verbracht haben, während derer beispielsweise entsprechende Kommunikationsmethoden (geistige Kommunikation oder astrales Sprechen) erprobt werden, bittet der geübte Reisende den Geführten, wieder in seinen physischen Körper zurückzukehren. Erst wenn der Geführte in seinem Körper zurück ist, kehrt der versierte Praktiker seinerseits zu seiner leiblichen Hülle zurück bzw. führt aus, was er sich für seine Astralreise vorgenommen hat.

Der Geführte

17. Der Geführte sollte die Übung mit der *Grundtechnik* abschließen, um damit die Ebenen seiner Psyche wieder in Einklang zu bringen.

Von diesem Moment an kann der Geführte die Astralebene aus eigener Kraft und voll bewusst erreichen.

Obwohl bei dieser Technik nur die astrale Lichthülle auf die Astralebene transportiert wird, tragen die Vorbereitungen auf dieses Experiment sowie die Aussendung des Bewusstseins in das astrale Ebenbild des Geführten dazu bei, dass sowohl die astrale als auch die geistige Ebene der Psyche an der geführten Projektion beteiligt sind. Auch der Katalysator der Erfahrung selbst, der erfahrene Reisende, sorgt durch sein Ziehen dafür, dass sich der Novize aus seiner individuellen, astralen Substanz löst.

Aus ebendiesem Grund sollte diese Technik nur ausgeführt werden, wenn der erfahrene Reisende in der Astralwelt weilt und seinen Körper bereits verlassen hat. Auf diese Weise erkennt er klarer, was geschieht. Er kann direkt mit der astralen Substanz arbeiten und die Ereignisse so kontrollieren, dass es wirklich zu einer Astralreise des Geführten kommt.

17

Tiere und die Astralwelt

Ein Buch über außerkörperliche Erfahrungen mit ihren verschiedenen Aspekten, über die Astralsubstanz und die astrale Welt ist notwendigerweise auf die menschliche Erfahrung beschränkt.

Zum einen soll es ja von Menschen gelesen werden. Zum anderen sind die Probleme, die sich aus der außerkörperlichen Erfahrung ergeben – wie zum Beispiel die Frage der Beteiligung des Unbewussten, der Rolle der Vernunft und der Moral, aber auch Zweifel, Hörensagen und seltsame Geschichten – ausschließlich auf Menschen beschränkt. Sie sind einfach rein menschlich.

Trotzdem gibt es auf der Astralebene natürlich auch Wesen, die nicht menschlichen Ursprungs sind. An anderer Stelle haben wir uns schon mit den Elementalen auseinander gesetzt, mit den Elementargeistern. Aber natürlich besitzen auch Tiere eine astrale Erscheinungsform.

Menschen und Tiere

Manche Menschen lieben Tiere aus ganzem Herzen. Andere beschäftigen sich gerne mit Tieren, weil sie sich in ihrer Gegenwart wohl fühlen (wie manche Astralreisende in Gegenwart der Elementale). Tiere werfen über den Menschen kein Netz gesellschaftlicher Erwartungen, sei es nun eingebildet oder real. Sie zensieren den Menschen nicht, was manche Zeitgenossen, die diese Haltung schon von Kindesbeinen an fürchten gelernt haben, sehr zu schätzen wissen. »Aber das sind doch nur Worte! Die tun doch nicht weh«, hat man uns als Kinder häufig gesagt. Doch diese Aussage wird von jüngeren Untersuchungen widerlegt, die beweisen, dass jeder Mensch, wenn er mit anderen – Kindern oder Erwachsenen – spricht, automatisch einen Blutdruckanstieg erfährt.

Aus diesen und anderen Gründen fühlen sich viele Menschen mit Tieren eng verbunden. Sie genießen ihre eleganten, sicheren Bewegungen und lieben ihre von der Natur bestimmte Art zu leben. Daher wollen sie natürlich so viel wie möglich über ihre Lieblinge herausfinden, unter anderem auch, ob und wie sie auf der astralen Ebene erscheinen. Ich habe mich mit diesem selten behandelten Thema beschäftigt, weil es ein recht bezeichnendes Licht auf unser Selbstverständnis als Menschen wirft.

Treue Freunde

Vor allem von Menschen, an deren Lebensumständen sich nicht viel ändert, hört man immer wieder, dass der Lieblingshund oder die Lieblingskatze sich nach deren Tod im familiären Heim bemerkbar macht. Das Tier wird gesehen, gehört oder einfach gespürt. Dieses »Anklopfen« erfolgt meist so unregelmäßig wie bei einem normalen Haustier, das ja auch kommt und geht, wie es ihm Spaß macht. Hin und wieder allerdings lässt sich darin ein Muster wahrnehmen, als hätten die Tiergeister mit ihrem Erscheinen etwas im Sinn. Dann steckt häufig eine anstehende Veränderung dahinter, die die Familienmitglieder noch nicht erkennen können.

Instinktwahrnehmung

Das ist weiter nicht erstaunlich. Tiere sind auf der Astralebene weit mehr zu Hause als in der Astralprojektion unerfahrene Menschen, da die instinktive und emotionale Ebene ihr Leben weit stärker bestimmt als beim Menschen. Dass Tiere eine hoch entwickelte ätherische Sicht haben, ist wohl bekannt. Dazu kommen aber noch ein ausgeprägtes ätherisches Gehör- und Geruchsempfinden, das sich sehr stark manifestiert, weil diesen Sinnen auch auf der materiellen Erfahrungsebene der Tiere eine enorme Bedeutung zukommt. Daher überrascht es wenig, wenn Tiere eine geradezu unheimliche Begabung für übersinnliche Wahrnehmungen haben.

Intelligenz bei Tieren

Menschen jedoch, die glauben, dass Tiere keinerlei Verstand hätten, liegen mit ihren Vorurteilen völlig falsch. Wenn Sie ein Tier beobachten, das mit einem Sprung einen wie auch immer gearteten Abgrund überwinden muss, sehen Sie, dass es – wenn es nicht gerade in Panik ist – so nahe wie möglich herangeht. Es scheint die Distanz zu kalkulieren, den besten Punkt zum Absprung zu suchen und sich durch einen Blick in die Tiefe überzeugen zu wollen, was ihm blüht, wenn es scheitert. Jedem, der einmal beobachtet hat, wie ein Hengst oder ein Stier einen Riegel bzw. die Windungen eines Knotens studieren, ist klar, dass man den Versuch, diese von Menschenhand geschaffenen Hindernisse zu beseitigen, wohl kaum mit Instinktverhalten erklären kann.

Das Tier mag scheitern, wenn es um das praktische Umsetzen seiner Vorstellungen geht, weil es nur Hufe oder Hörner zur Verfügung hat, doch das ist eine ganz andere Geschichte – und zwar eine lange.

Intelligenz und individuelle Identität

Andererseits hat es natürlich auch keinen Sinn, ins andere Extrem zu verfallen und Tieren Leistungen zuzubilligen, die nun einmal nur mit einem menschlichen Geist möglich sind. Trotzdem verfügen die meisten lebenden Kreaturen über ein gewisses Maß an Intelligenz, das einerseits von der Art abhängig ist, andererseits auch eine individuelle Ausprägung zeigt. Dieses Maß ist meist höher, als der Mensch sich einzugestehen bereit ist.

Ich befasse mich deshalb so ausführlich mit dieser Frage, weil sie für das Geschehen auf der Astralebene von entscheidender Bedeutung ist. Hier sei mir eine kleine Abschweifung gestattet, die diesen Punkt veranschaulicht. Menschen schaffen mitunter Astralformen, damit sie für sie bestimmte Aufgaben erfüllen. Das können die uns bereits bekannten Lichtbälle sein, aber natürlich auch menschliche bzw. tierische Gestalten. Man kann damit Botschaften senden, Informationen sammeln oder andere Menschen (vor allem Kinder) in bestimmten Situationen beschützen lassen. Oder sie erhalten die Aufgabe, auf einer Party für Stimmung zu sorgen.

Dieses Astralwesen, das aus der Astralsubstanz seines Schöpfers besteht, kann für uns einfache Aufgaben erledigen. Aber es kann nicht selbstständig denken und nicht selbst die Initiative ergreifen. Da es nur auf der Astralebene existiert und die bewusste Geisteskraft seines Schöpfers es nicht weiter begleitet, kann es nur die Dinge tun, für die es programmiert wurde.

Sind diese erledigt, müssen wir unser Geschöpf zurückrufen, es von seiner Programmierung befreien und wieder in uns aufnehmen. Lassen wir auch nur einen Teil dieser Prozedur aus, treibt die Form herrenlos auf der Astralebene. Sie wird sich zwar allmählich auflösen, doch in der Zwischenzeit nimmt sie alle astralen Impulse auf, die sich in ihrem Umfeld zeigen, und bringt sie zum Ausdruck.

Handelt es sich jedoch um die astralen Gegenstücke echter Tiere, müssen wir solche Dinge nicht befürchten. Diese bleiben ganz sie selbst, haben ihren individuellen Charakter und ihre höchst eigenen Gewohnheiten. Sie sind weit mehr als nur geballter Instinkt. Nach menschlichen Maßstäben ist ihre Intelligenz vielleicht nicht allzu hoch, aber sie reicht aus, um ihr Wesen auf der astralen Ebene zu halten, ohne dass es seine Identität und die Kontinuität seines Bewusstseins verliert.

Der Tierliebhaber erzählt

Bestimmte Geschichten über Haustiere hört man immer und immer wieder: wie sie Beweise ihrer Intelligenz ablegen, wie sie mit ihren menschlichen Gefährten auf paranormalem Weg Kontakt aufnehmen, wie sie mit Vertretern anderer Arten offenkundig zu kommunizieren scheinen. Sehr häufig wird auch berichtet, wie sie sich noch nach ihrem Tod bemerkbar machen und ebenso deutliche Beweise für ihr Weiterleben auf einer anderen Ebene ablegen wie Menschen.

Hier und da übertreiben die Erzähler vielleicht ein bisschen, bewusst oder unbewusst, weil sie so stolz sind und ihre Tiere so sehr lieben. Im Allgemeinen aber passt das Gesagte durchaus zu dem, was wir wissen, und wenn man die Gesetze der übernatürlichen Welt kennt, klingen die meisten Geschichten durchaus glaubwürdig. Vor allem was die Kommunikation auf paranormalem Weg angeht, gibt es mittlerweile viele überzeugende Beweise.

Die Auswirkungen menschlicher Herrschaft

So stellt sich beinahe automatisch die Frage: Führt der enge Kontakt mit dem Menschen dazu, dass sich die Natur der Tiere weiterentwickelt? Zum Beispiel, was ihre Intelligenz angeht?

Dies ist zweifellos richtig. Zuwendung vonseiten eines vertrauenswürdigen menschlichen Gefährten und die ständige Kommunikation mit ihm sorgen dafür, dass sich die Fähigkeiten eines

Tieres stärker entwickeln und seine Intelligenz besser zum Ausdruck kommt. Ob die Intelligenz eines Tieres tatsächlich gesteigert wird, steht auf einem anderen Blatt. Doch gilt für die Tiere, was auch vom Menschen gesagt werden kann: Die Nutzung bestimmter Kommunikationsmechanismen, die Tatsache, dass Kommunikation offensichtlich angestrebt wird, sowie die genaue Beobachtung der Verhaltensweisen von höher entwickelten Gefährten führt dazu, dass das vorhandene Intelligenzniveau maximal erschlossen wird.

Dasselbe gilt natürlich für die paranormale Kommunikation. Häufig entwickelt sich Intelligenz ohnehin auf der Grundlage paranormaler Fähigkeiten, ob diese nun erkannt werden oder nicht. Wie oft weiß ein Tier im Voraus, was Sie tun werden, und beobachtet dann genau, wie Sie dies bewerkstelligen!

Beide Fakten werden auch beim Menschen beobachtet: die wechselseitige Verstärkung von Intelligenz und übersinnlichen Fähigkeiten sowie die stimulierende Wirkung, die höher entwickelte Individuen auf ihre Gefährten ausüben – und zwar ebenfalls auf rationaler wie nicht rationaler Ebene.

Dass Intelligenz und nicht rationale Fähigkeiten immer eng miteinander verknüpft sind, lässt sich daraus allerdings nicht ableiten. Man kann zwar davon ausgehen, dass viele Wirtschaftskapitäne ihren herausragenden Erfolg nicht nur ihrer Intelligenz, sondern auch ihren klaren übersinnlichen Wahrnehmungen verdanken. Andererseits gibt es Menschen, die über beinahe unheimliche paranormale Fähigkeiten verfügen, aber leider nicht für fünf Pfennig Verstand besitzen. Am schwierigsten ist die Balance sicher für all jene, die von beidem eine mittlere »Dosis« mitbekommen haben: Sie müssen Acht geben, dass sich ihre paranormalen Begabungen in den rationalen Anforderungen des modernen Lebens nicht vollkommen verlieren.

In der Frage, ob Menschen, die bestimmte Fähigkeiten stärker entwickelt haben als andere, sich anregend auf ihre Umgebung auswirken, gibt es glücklicherweise keine konträren Standpunkte. Diese These findet überall ungeteilten Zuspruch.

Geistig Behinderte zum Beispiel entfalten sich sehr viel besser, wenn man sie nicht auf den Kontakt mit anderen geistig Behinderten beschränkt. Und ein engagierter Lehrer entdeckt in einem zurückgebliebenen oder entmutigten Kind (oder Erwachsenen) häufig Talente, die diesem eine weitere Entwicklung überhaupt erst ermöglichen. Hier geht es in erster Linie darum, die Freude am Wissen und am Erwerb bestimmter Fähigkeiten zu wecken. Dies ist der Schlüssel zum Erfolg.

Aber auch intelligente Menschen erhalten durch den Kontakt mit klugen Geistern neue Impulse. Das ist nichts Neues. Die Idee des literarischen Salons zum Beispiel beruht einzig darauf. Die Geistesgrößen und Künstler ihrer Zeit treffen sich und genießen die Konversation, die ihren Witz schärft und ihre Fähigkeiten fördert.

Die Gruppenaura

Der Grund dafür ist etwas, das wir Gruppenaura nennen. Dieses Phänomen tritt sowohl beim Menschen als auch bei nicht menschlichen Wesen auf. Denken Sie zum Beispiel daran, dass jede Schulklasse anders ist, obwohl die Kinder in Parallelklassen gleich alt sind und derselben Gegend angehören. Diese Beobachtung lässt sich leicht auf alle anderen Formen menschlicher Gemeinschaft ausdehnen: Büros, Mietshäuser, Sportvereine. So kann ein Fußballspieler, der von einer anderen Mannschaft kommt, einige Zeit brauchen, bis er in das neue Team hinein gewachsen ist. Wenn er zu häufig wechselt, verliert er vielleicht sogar seine Integrationsfähigkeit.

Für wilde oder halb wilde Tiere ist das Rudel, die Herde, die Familie die alles bestimmende Gruppe, je nachdem zu welcher Art das Tier gehört. Ein Haustier hingegen fühlt sich seiner Menschenfamilie zugehörig. Diese Verbindung kann stärker oder schwächer sein, vor allem wenn andere Tiere zur Gemeinschaft gehören. So kommt es nicht selten vor, dass Hund und

Katze eines Haushalts ein Extrateam bilden, das die Speisekammer plündert.

Dieses Zugehörigkeitsgefühl nimmt manchmal seltsame Formen an, zum Beispiel wenn ein Tier, das inmitten von Tieren einer anderen Spezies aufwächst, die Gewohnheiten seiner »Adoptiveltern« annimmt. So konnte man schon Hütehunde beobachten, die bei Gefahr mit ihren Schafen fliehen, statt sie zu beschützen und zusammenzutreiben. Auch ein Pferd ist bekannt, das sich offenkundig als Schaf betrachtete, weil es mit Schafen lebte.

Eine mögliche Erklärung dafür wäre, dass dieses Tier im vorangegangenen Leben selbst ein Mitglied der Art war, von der es nun adoptiert wurde. Das ist zumindest die einzig mögliche Erklärung in all jenen Fällen, in denen das Tier ohne Kontakt zu der Art aufwuchs, deren Verhaltensweisen es angenommen hat. Doch wo immer Schafherden, Rotwildrudel oder Hasenfamilien da sind, um ein bestimmtes Tier aufzunehmen, ist es vermutlich die Aura der gesamten Gruppe, die sich auf den Neuling überträgt und für den artübergreifenden Adoptionsvorgang verantwortlich ist.

Menschlicher Einfluss und astrale Identität

Theoretisch also müsste der Einfluss des Menschen auf Haustiere dem Tier einen enormen Vorteil auf der Astralebene verschaffen, wo es durch sein deutlicheres Identitätsgefühl stärker präsent wäre und entsprechend leichter Ideen Wirklichkeit werden lassen bzw. sein Bewusstsein auf die Reise schicken könnte. Auch im Tod wäre dies dem Tier von großem Nutzen.

Es gibt viele Fälle, die dies zu belegen scheinen, und die Erfahrungen in den verschiedenen okkulten Traditionen deuten ebenfalls in diese Richtung.

Astrale Gefährten

Astralreisen mit seinem geliebten tierischen Hausgenossen zu machen, kann eine sehr beglückende Erfahrung sein. Da ist zum einen das Vergnügen, mit einem liebevollen Gefährten zu reisen, zum anderen bietet dieses Vorgehen auch die Möglichkeit, die Astralwelt des Tieres zu erkunden, seine Interessen in der anderen Welt zu entdecken. Mitunter macht es uns gar mit seinen astralen Freunden bekannt.

Vielleicht haben Sie ja eine Katze (oder einen Hund), die die Astralprojektion beherrscht und sie regelmäßig in der anderen Welt erwartet – wie der Hausgeist einer Hexe.

Den Freund rufen

Aber natürlich kann es auch sein, dass Ihr Haustier die Projektion nicht beherrscht oder Sie zumindest nichts davon wissen. Dann möchten Sie natürlich seine Entwicklung in dieser Hinsicht fördern.

Besuchen Sie also Ihr Tier auf der Astralebene, wenn es schläft, und rufen Sie es in die andere Welt. Versuchen Sie es so lange, bis Sie Erfolg haben. Sie können es allerdings nicht aus seinem Körper ziehen, wie im vorhergehenden Kapitel beschrieben. Dieses Vorgehen verlangt Unterstützung durch den Willen und die geistige Ebene des Geführten, was beim Tier ja nicht vorausgesetzt werden kann. Doch da die meisten Tiere über paranormale Fähigkeiten verfügen, stehen Ihre Chancen gar nicht schlecht, dass das Tier früher oder später die Botschaft auffängt und sich Ihnen auf der Astralebene anschließt.

Trotzdem können Sie nicht alle Abenteuer miteinander teilen. Sie können beispielsweise höhere Ebenen erreichen oder in die Vergangenheit reisen, was Ihr Tier nicht vermag. Ihre gemeinsame Astralzeit spielt sich daher immer in der Gegenwart und im Reich der Natur ab.

18

Das schützende Licht

Auf der astralen Ebene kann es geschehen, dass Sie sich vor feindseligen Einflüssen menschlicher oder nicht menschlicher Wesen oder Kräfte schützen müssen. Der beste Schutz, der Ihnen zur Verfügung steht und den Sie jederzeit zu Hilfe holen können, ist das Licht Ihres Höheren Selbst. Ihr Höheres Selbst gehört seinem Wesen nach zur spirituellen Welt, übt seinen Einfluss aber auf alle Welten aus. Seine Aufgabe ist es, Sie mit Liebe, Führung und Schutz zu umgeben.

In diesem Buch stelle ich Ihnen zwei verschiedene Techniken vor, wie Sie die Gegenwart, den Schutz und die Macht Ihres höheren Lichtes anrufen können.

Eine, und zwar die wichtigere, kennen Sie bereits: Es ist das »Erwecken des Lichts«, das zum doppelten Schutzkreis gehört. Auf der Astralebene wird diese Übung wie folgt ausgeführt:

- Richten Sie Ihre Aufmerksamkeit auf die Quelle des Lichts und des Lebens. Meditieren Sie darüber und stimmen Sie sich darauf ein.
- Nehmen Sie deutlich wahr, wie Sie weiter und weiter wachsen. Sie werden sehr groß und dehnen sich sehr weit aus.
- Fühlen Sie Ihre enorme Ausdehnung und visualisieren Sie einen Ball aus strahlend weißem Licht gerade über Ihrem Kopf.
- Sehen Sie zu, wie das Licht innerhalb der Kugel sich immer weiter ausdehnt, Ihr ganzes Wesen durchdringt und Sie mit einer Aura aus Licht umgibt.

Diese Technik habe ich in Kapitel 3 genauer beschrieben. Die zweite Methode finden Sie in Kapitel 15, wo es darum geht, ein astrales Objekt mit Licht aufzuladen:

- Richten Sie Ihre Aufmerksamkeit auf Ihr Kronenchakra, auf die Lichtkugel, die direkt über Ihrem Kopf schwebt. Auf der Astralebene können Sie das Licht Ihres Höheren Selbst wahrnehmen. Dieser Lichtkern in Ihnen, der selbst von göttlicher Natur ist, stellt Ihre besondere Verbindung mit dem ewigen Licht des gesamten Universums dar.
- Machen Sie sich dieses Licht bewusst. Spüren Sie sein grenzenloses Strahlen. Es sendet ein warmes, alles durchdringendes Leuchten aus, das Sie umfängt und jede einzelne Faser Ihres Seins erfüllt.
- Heißen Sie es willkommen. Atmen Sie es ein. Spüren Sie, wie es Sie durchdringt, bis seine Kraft, sein Segen, seine Liebe Sie ganz erfüllen.

Die richtige Methode finden

Wenn Sie deutlich erkennen, dass Sie mit feindlichen nicht menschlichen Wesen oder Kräften zu tun haben, sollten Sie das »Erwecken des Lichts« praktizieren. Diese Methode, das Höhere Licht anzurufen und sich selbst unter den Schutz der spirituellen Welt zu begeben, eignet sich besonders für den Umgang mit nicht-menschlichen Einflüssen.

Ist jedoch klar, dass Sie mit feindlichen Kräften kämpfen müssen, die menschlichen Ursprungs sind, sollten Sie die zweite Technik anwenden. Hier geht es nämlich weniger um unser Streben nach der spirituellen Welt, sondern um das Empfangen der Lichtgaben, die Ihnen aus dem Innersten Ihrer Psyche zuwachsen. Daher passt diese Methode besser zu allen menschlichen Problemen.

Das wunderbare Potenzial

Eine der schönsten Gaben, die uns die außerkörperliche Erfahrung schenkt, ist das Gefühl von Ganzheitlichkeit, welches unser Leben immer stärker durchdringt, je mehr wir die tieferen Ebenen unseres Wesens erforschen.

Die Technik zum »Erwecken des Lichts« ist hier besonders fruchtbar. Daher sollten Sie sie regelmäßig anwenden, weil diese Übung eine ganz besondere Form der astralen Arbeit ist. Mit dieser Übung stärken Sie die Bewusstheit für die Wirklichkeit und Gegenwart Ihres innersten Selbst.

Dadurch erfährt Ihr Leben eine ungeahnte Bereicherung. Ihr Herz öffnet sich für die Inspiration und die Erfüllung der spirituellen Welt. Dies öffnet Ihnen auch in der anderen Welt Türen, sodass Sie bald für immer im Schutz des Höchsten Lichtes verweilen können.